APROVADA

BIANCA FRANCO

APROVADA

A CURA DA REJEIÇÃO

Vida

Editora Vida
Rua Conde de Sarzedas, 246 — Liberdade
CEP 01512-070 — São Paulo, SP
Tel.: 0 xx 11 2618 7000
atendimento@editoravida.com.br
www.editoravida.com.br
@editora_vida /editoravida

Editora-chefe: Sarah Lucchini
Editor responsável: Maurício Zágari
Revisão ortográfica: Eliane Viza
Revisão de provas: Mara Eduarda V. Garro
Projeto gráfico e diagramação:
Claudia Fatel Lino e Philipe Santos
Capa: Vinicius Lira

APROVADA – A CURA DA REJEIÇÃO

■

Todas as citações bíblicas e de terceiros foram adaptadas segundo o Acordo Ortográfico da Língua Portuguesa, assinado em 1990, em vigor desde janeiro de 2009.

■

As opiniões expressas nesta obra refletem o ponto de vista de seus autores e não são necessariamente equivalentes às da Editora Vida ou de sua equipe editorial.

Todos os grifos são do autor, exceto os indicados.

1. edição: set. 2024

Dados Internacionais de Catalogação na Publicação (CIP)
(Câmara Brasileira do Livro, SP, Brasil)

Franco, Bianca
Aprovada: a cura da rejeição / Bianca Franco. -- 1. ed. -- São Paulo: Editora Vida, 2024.

ISBN 978-65-5584-582-2
e-ISBN 978-65-5584-581-5

1. Cura pela fé 2. Experiência religiosa - Narrativas pessoais 3. Franco, Bianca 4. Mulheres - Autobiografia 5. Relatos pessoais 6. Superação - Histórias de vida I. Título.

24-222935 CDD-920.72

Índice para catálogo sistemático:

1. Mulheres : Autobiografia 920.72
Aline Graziele Benitez - Bibliotecária - CRB-1/3129

Esta obra foi composta em *Askan*
e impressa por Gráfica Eskenazi sobre papel
Offset 90 g/m² para Editora Vida.

SUMÁRIO

propósito
mulheres
vitória

INTRODUÇÃO

No começo da minha caminhada aconselhando mulheres, fui resgatar uma senhora que tinha acabado de tentar o suicídio. A sua alma gritava por socorro. Ao chegar no local onde estava, suas feições estavam irreconhecíveis. Ela havia tomado remédios em excesso, mas, incrivelmente, ainda se encontrava com vida.

Com algum tempo de conversa, aquela mulher se sentiu confortável para compartilhar sobre si e relatar várias situações. Constatei que, por toda a sua vida, ela fora escravizada pela rejeição. O que a havia levado a aquele momento de tamanha delicadeza e fragilidade foi o término de um relacionamento, o que a fizera acreditar que a melhor solução seria não precisar mais de soluções. Ela buscou no suicídio um alívio, por não suportar mais ter de viver a experiência de passar por um relacionamento e sair, novamente, despedaçada pela traição.

Tudo o que ela conhecia até então e chamava de vida eram ciclos permeados pelos mesmos erros, que atraíam os mesmos padrões de relacionamentos tóxicos, os quais a faziam sentir vez após vez a mesma dor. E, assim como o copo que está cheio e basta uma gota para fazê-lo transbordar, ela já não aguentava mais colecionar fracassos. Detalhe: tudo o que aquela mulher mais desejava era ter uma família e viver uma realidade oposta à em que estava inserida havia muitos anos. E, se aquilo não podia ser alcançado, a realidade que passou a fazer sentido — como uma armadilha do Inimigo implantada em seus pensamentos — era a de que não fazia mais sentido viver.

Quando analisamos o significado da palavra *rejeitada*, encontramos alguém que é desprezada e considerada sem valor. Alguma vez você já se sentiu assim? Acredite, não é só você que passou por isso, veja o que o profeta Isaías escreveu acerca de Jesus: "foi desprezado e rejeitado pelos homens, um homem de dores e *experimentado no sofrimento*. Como alguém de quem os homens escondem o rosto, foi desprezado, e nós não o tínhamos em estima" (Isaías 53.3, grifo nosso). Nessa tradução, uma palavra saltou aos meus olhos: *experimentado*, que tem o significado de alguém que foi tentado ou testado, que passou por um processo de experimentação. Você consegue entender que até o sofrimento é um processo de experimentação que precisa ser provado por todo ser humano? Ainda assim, é um lugar de passagem e não de permanência.

A rejeição na vida de uma mulher aprisiona a alma e rouba seu real propósito de vida. A dor de ser rejeitada é terrível e traz consequências que podem durar muito tempo. Só quem já passou por isso é capaz de compreender. O pior tipo de sofrimento é aquele causado por pessoas que nunca imaginaríamos que nos machucariam, aquelas que deveriam nos amar ou proteger. O meu coração se compadeceu porque eu sabia que todo o futuro daquela mulher estava na sua dor. Uma fortaleza foi construída com essa realidade deturpada e manchada pela rejeição. E aqui gostaria de abrir seus olhos para um ponto importante: *compaixão.*

A rejeição na vida de uma mulher aprisiona a alma e rouba seu real propósito de vida.

Um suposto cristão sem compaixão não pode ser chamado de cristão. Uma das principais características do ministério de Jesus na terra era a sua compaixão. O Espírito anseia ser derramado aos outros por meio da nossa compaixão. Ao me compadecer dessa mulher, cujo futuro estava sendo roubado pelo Diabo diante dos nossos olhos, começamos uma jornada de descoberta de quem ela era, de por que havia se perdido e quando e onde ela se perdeu.

Começou ali uma história de resgate. Jesus restaurou a sorte daquela mulher e ela se rendeu a anos de renúncia e cura. Além disso, Deus resgatou em mim memórias e começou a escrever em meu coração todo o caminho que ele desenhou em minha vida para que muitas outras também fossem reconstruídas e resgatadas.

Hoje, aquela é uma mulher transformada, com uma linda família e um testemunho de transformação. E eu sou uma mulher curada, com uma linda família, um testemunho de transformação e um ministério que gera testemunhos.

Eu sou uma mulher que, de rejeitada, passou a ser aprovada, a fim de trazer libertação na autoridade do nome de Jesus, criando uma reação em cadeia de mulheres aprovadas, curadas, impulsionadas e capazes de ajudar a trazer cura na vida de outras.

Este livro destina-se às mulheres que carregam na alma as marcas da rejeição. Mas que sabem que a sua versão do futuro apenas possui cicatrizes daquilo que já foram feridas expostas e se tornaram marcas de um caminho de vitória que está sendo percorrido no presente — de glória em glória.

Nós, mulheres, aprendemos a lutar em meio a uma rotina cheia de afazeres. Com um cotidiano de tantos imprevistos e situações que pedem solução rápida, aprendemos a ser orientadas para soluções. Contudo, não é porque algo foi solucionado, combatido e resolvido que necessariamente foi solucionado da melhor forma. Muitas vezes, são necessários dias, meses e anos, além de lágrimas, insatisfações e desgastes. Com mais sabedoria e assertividade, esse tempo poderia ser reduzido.

Creio que este livro nasceu no coração de Deus para ajudar você a vencer a rejeição com estratégias bíblicas e fazê-la acreditar que ele não tem problemas em reescrever histórias — afinal, o Senhor nunca perdeu o controle.

Quem escreve é uma mulher que por muitos anos foi rejeitada e escravizada, mas que, no meio do caminho, foi encontrada e resgatada por Jesus.

Deus entende a sua dor, mas não deseja que você permaneça nessa situação. Afinal, como já disse, o sofrimento é um lugar de passagem e não de permanência. A verdade é que as falhas humanas não impedirão os planos dele na sua vida. Somente uma coisa pode interferir nesse processo de cura: falta de fé.

Somos livres por meio do sangue de Jesus e da sua obra da cruz. Cristo ensina a não perder o foco e o segredo está em se manter olhando fixamente para ele. O Mestre me resgatou e pode fazer isso com você.

Deus entende
a sua dor,
mas não deseja
que você
permaneça
nessa situação.

Bianca Franco

Como diz o salmista, "ainda que me abandonem pai e mãe, o Senhor me acolherá" (Salmos 27.10). Eu creio que os seus olhos se abrirão e você chegará a lugares que nunca imaginou. Sim, Jesus é capaz de realizar essa façanha.

Não gaste seu precioso tempo tentando encontrar quem errou com você. Existe um caminho melhor, não necessariamente mais fácil, porém mais leve. Torne-se responsável por mudar a sua história e deixe Jesus carregar os fardos por você. Você está preparada para entrar nessa jornada? Garanto que vai valer a pena!

No decorrer dos próximos capítulos, veremos histórias de homens e mulheres da Bíblia que agiram com sabedoria e suportaram a rejeição com estratégias divinas — que estão disponíveis e acessíveis para todos nós. Por meio desses relatos, descobriremos a maneira certa de agir diante das ofertas do mundo para nos sentirmos rejeitados. Começarei contando meu testemunho de superação, para deixar claro que prego o que vivi.

O que conecta a mim e a você com os personagens bíblicos, em um elo que inspira, exorta e edifica, é o poder do Espírito Santo — a que nenhuma rejeição é capaz de resistir. Esse poder habita dentro de você e tudo que precisa fazer é clamar a Deus para que o manifeste em sua vida e por meio dela, para a glória do seu nome!

capítulo um

1

MEU TESTEMUNHO

propósito
mulheres
vitória

Sou a filha caçula de pais humildes, criados em contextos totalmente diferentes. Tenho várias lembranças da minha infância que me marcaram profundamente, e acredito que muitos também as tenham. Já parou para pensar que os momentos bons raramente são eternizados em nossa memória, enquanto as palavras que nos marcam negativamente perduram por toda a vida? Essas marcas nos aprisionam até que decidimos jogar luz sobre elas.

Cresci em uma família católica. Minha mãe tinha sete irmãos, e a casa sempre estava cheia, porém, de gente muito diversificada. Minha avó era uma mulher forte, que suportou um casamento desestruturado por traições e abandono. Ela sofreu agressões verbais e físicas, mas, como mãe, transformou-se em uma leoa para defender os filhos.

Certo dia, grávida de gêmeos, foi lançada da escada pelo próprio esposo e sofreu um aborto. Um de seus filhos tinha uma deficiência que o tornava totalmente dependente para qualquer atividade. A casa era permeada por uma nuvem de tensão, mas ali havia uma mãe forte. Nesse contexto, cada filho desenvolveu crenças próprias e formou suas raízes. Foi nesse ambiente que minha mãe cresceu, um lugar de escassez e pouco afeto.

Um dia, essa filha, que tinha a responsabilidade de ajudar nas tarefas da casa, encontrou um homem de uma cultura familiar muito diferente. A família do meu pai era unida, mas muito cedo enfrentou a perda do meu avô, o que trouxe um grande vazio e traumas. Apesar disso, meus pais se conheceram e, movidos pela paixão, decidiram se casar. Eram muito jovens e sem experiência em relacionamentos, o que lhes causou muitas dores.

Meu pai sempre foi um galã, supercomunicativo, vindo de uma família unida. Ele escolheu seguir a profissão de caminhoneiro. Minha mãe era linda, mas tinha muita dificuldade de comunicar sentimentos, resultado de ter crescido em uma casa onde cada um tinha de lutar para sobreviver. Acostumada a ser protegida e sem nunca ter saído de casa, ela agora se via casada e morando completamente longe de seus familiares. Recém-casados, já enfrentavam problemas devido à falta de compatibilidade e à necessidade de ajustes na comunicação.

Com o passar dos anos, minha mãe se encontrava sozinha em casa, enquanto meu pai, comprometido com o papel de provedor, vivia ausente, devido à profissão de caminhoneiro, que o mantinha fora de casa.

Os anos passaram, e minha mãe enfrentava dificuldades para engravidar, até que, em busca de ajuda, foi a um centro espírita. Logo, sua primeira filha nasceu, minha irmã mais velha. Lembro-me de várias vezes frequentarmos esse lugar em busca de respostas. Logo em seguida, veio a segunda filha. No meio do caminho, pressões, cobranças e traumas começaram a gerar resultados.

Meu pai envolveu-se com pessoas erradas e acabou preso ao vício em bebidas e drogas. Dominado pela adição, não se deu conta do abismo que foi se formando. Por fim, a casa ganhava mais e mais filhos, porém, os vazios se acumulavam.

Minha mãe não sabia como comunicar suas necessidades, e meu pai não entendia como se manter equilibrado e afetivamente presente. Ambos enfrentavam a vida adulta com falta de sabedoria, sem conhecer seus papéis dentro do lar. No meio desse caminho, nasci eu, não planejada, a filha caçula, em meio a turbulências e desalinhamentos familiares.

Imagine a pressão de um pai em ter de prover para a casa e cuidar de quatro mulheres. Agora, imagine essa mãe, na maioria das vezes sozinha, com três filhas, com pouco tempo para descanso e uma casa para administrar. Minha mãe viveu para servir, sem nunca olhar para si, mas aceitando aquilo que a vida lhe oferecia. E, assim, eu cresci em uma casa turbulenta e com desequilíbrios que me fizeram amadurecer muito cedo e carregar várias marcas.

As agressões verbais eram intensas e o medo nos dominava. Com o passar dos anos, os conflitos se intensificaram. O vício de meu pai nos deixava desprotegidas. Nos finais de semana, íamos a casa da minha avó, que nos acolheu. Muitas vezes, passamos por necessidades, a ponto de termos a conta para a provisão diária. Minha mãe sempre foi protetora e servia com amor e generosidade. Muitas vezes, ela nos deu o alimento mesmo sem que sobrasse para ela comer. Era dedicada ao lar, detalhista e excelente em tudo o que se propunha a fazer. Porém, só podia dar o que recebeu e a sua linguagem de amor era serviço, nada de afeto. Ela nunca trabalhou fora, porque dedicava-se totalmente ao lar. Como crianças puras, acreditávamos que aquilo fazia parte da vida — creio que isso me ensinou a viver com pouco e a ser grata pela provisão diária.

Costumo dizer que meu pai é um milagre de sete vidas. Várias vezes o vi sendo sustentado por Deus em meio a turbulências. Nossa vida era como uma montanha-russa; lembro-me de momentos bons e outros, desafiadores. Eu me admirava com a sua garra na profissão — e ele trabalhou muito para sustentar a casa. Recordo-me de momentos em que ele cobria os nossos pés de madrugada e penteava os nossos cabelos; tínhamos um vínculo positivo com seus familiares e vídeos de memórias positivas. Mas também havia dias de tensão, resultado dos vícios. Para ambos faltavam exemplos de uma criação bíblica, de perdão e comunicação. Os demônios têm essa estratégia, para destruir famílias. Eles acreditavam estar fazendo certo. Lamentavelmente, nunca vi meus pais como um casal que se relacionava bem; não me lembro de vê-los juntos. Minha mãe acumulou tanta falta de perdão e, devido à má comunicação, gerou repúdio e raiva da parte dele. Não havia relacionamento, apenas sobrevivência.

O Inimigo sempre lutou com todas as forças para que eu não estivesse aqui. Nos meus primeiros dias de vida já fui para a casa da minha avó, porque o local onde morávamos era de difícil acesso, as ruas não tinham asfalto e passávamos muita escassez. Durante o resguardo, minha mãe ficou lá para receber os cuidados devidos. Um dia após o parto, meu pai foi me buscar, porém, minha avó pediu que ele me deixasse por mais um tempo.

No caminho, o caminhão perdeu os freios e a única maneira de pará-lo foi jogando em cima da calçada. Meu pai sofreu um acidente, que o deixou pendurado em uma árvore —Deus nos deu livramento. Esse foi um de seus acidentes. A vida do meu pai foi muito sofrida, mas ele era um homem forte e o Senhor sempre cuidou dele. O acidente impediu que ele estivesse presente nos meus primeiros dias de vida.

E assim fui crescendo, em uma casa desalinhada, com brigas entre irmãs, brigas entre pais e muitas confusões mentais. Ali começaram diversos conflitos, pois estávamos entrando na fase da adolescência, que já não suportava desaforos, pois começávamos a formar opiniões próprias.

Muitas vezes perguntei a Deus por que todo mundo tinha uma família feliz e eu não. Cresci nesse cenário sem afeto e sem correção assertiva em amor. Minha linguagem de amor é o toque físico e, por não desfrutar disso, eu não me sentia amada. O que eu mais sentia falta era de ouvir "eu te amo". Meu amor foi direcionado para minha avó materna; por ela, sentia-me valorizada. Eu era a queridinha da vovó, e isso era meu refúgio. Desde criança, apresentei reflexos de uma carência emocional profunda. Minha mãe sempre sofreu calada, e meu pai vivia correndo atrás das coisas, em um ciclo vicioso. Todos os vizinhos nos conheciam pelos comportamentos desfuncionais.

Nosso relacionamento com Deus é limitado pela forma pela qual nossa história foi afetada negativamente. Meus pais fizeram tudo que estava em seu alcance, deram o seu melhor, mas cada um possuía cicatrizes próprias. Um cristão precisa de empatia para entender que todos temos dores. Sou eternamente grata aos meus pais por todo cuidado, mesmo em meio a tantos desafios, os honro e os amo. Porém, as experiências ruins daquela época definiram muitos dos meus maus comportamentos. Por isso, precisei ressignificar muita coisa, a fim de alcançar novos patamares.

Distorção de imagem e rebeldia

Durante toda a minha fase escolar, tive muita dificuldade de aprendizado, sempre sendo rejeitada dentro da sala de aula. Atrasada na leitura e com grande déficit de atenção, minhas notas eram baixas, e nunca me interessei pelos estudos. Não me lembro de receber afeto dos meus pais nas atividades escolares; ia de van, que minha avó me ajudava a pagar. Afinal, meu pai precisava trabalhar, e minha mãe tinha três filhas e toda a casa para cuidar. Eu vivia internamente em um cenário de orfandade e muitas dúvidas sobre minha identidade.

Passei por uma fase de distorção da minha imagem. Era uma criança muito cheinha e nunca fui a escolhida da turma para nenhuma atividade. Usava óculos desde cedo, e meu apelido era *Beth, a feia*. Sempre tive complexo com meu cabelo; minhas irmãs tinham lisos, e eu era a única com cabelos muito cacheados. Ah, como eu queria ter o cabelo delas! Usava quilos de creme para tentar ajeitá-lo. Minhas roupas eram as que sobravam das minhas irmãs, afinal, dividíamos tudo, mas, como era a última, ficava com as que sobravam. O corpo das minhas irmãs era perfeito: uma magra, outra desenhada, e eu era a gordinha com dobrinhas nos braços. Mas havia um diferencial: eu era espontânea, alegre e superengraçada. Sempre fui comunicativa, carinhosa e ousada, com facilidade para fazer amigos.

Aos 9 anos, tive um choque. Sempre fui muito carinhosa, mas, em minha ingenuidade de criança, alguém tentou me tocar de forma indevida. Naquele momento, algo me dizia que aquilo estava errado. Graças a Deus, fui protegida do pior, mas, ali, comecei a conhecer o lado afetivo de uma forma inesperada. Curiosamente, lembrei disso poucos dias antes de escrever este livro.

Aos 12 anos, uma nova jornada começava. Lugares não ficam vazios, então minhas irmãs mais velhas os assumiram, tomando a frente para defender a casa. Em uma das brigas desrespeitosas e agressivas, elas se posicionaram, dizendo que, a partir daquele momento, aquilo não aconteceria mais. Todas as chances foram dadas, mas nunca houve uma mudança para uma transformação genuína. Pegamos nossas malas e saímos daquela situação, deixando a casa. Três filhas e uma mãe. E agora? Para onde ir?

Restou para nós a casa da minha avó, que já era cheia, e agora recebia mais quatro pessoas. Obviamente, não havia espaço para nós, mas no coração de uma

Lugares não ficam vazios.

Bianca Franco

avó sempre cabe mais um. Passamos por um período turbulento; eu me via crescendo sem referências, sem pai, pois nosso vínculo fora completamente cortado, e com uma mãe que não sabia se posicionar, porque agora precisava lidar com as responsabilidades da casa e três filhas adolescentes. Sempre fomos independentes, então minha mãe foi perdendo sua voz.

Essa foi a fase mais difícil da minha rebeldia. Interiormente, eu estava perdida, com uma família quebrada, morando de favor e sem a presença de um pai. Exteriormente, sentia alívio por ter saído de um cenário de inconstâncias e conflitos, mas mal sabia que estava prestes a enfrentar algo ainda mais desafiador.

Foi nesse momento que a ira e a revolta começaram a brotar, fruto da rejeição que sentia. Aos 12 anos, morando em uma cidade grande, já me envolvia com más companhias, pessoas que só me levariam ao mau caminho. Eu não tinha um parâmetro de certo e errado, e agia conforme as influências ao redor. Aos poucos, me vi entregue à bebida, repetindo o erro de meu pai.

Aos 14 anos, a bebida deu lugar às drogas, e elas levaram a relacionamentos precoces. Baladas, tatuagens e um pensamento fixo: "Sou dona da minha vida". Nesse cenário, via uma mãe sofrendo, sem saber de muitas coisas, e uma irmã chorando, sem aceitar aquela realidade para mim. Mas, eu era a queridinha da vovó, dormia no quarto dela, e todas as noites ela me obrigava a rezar o terço até dormir, acreditando que Deus poderia mudar nossa história. Ela era minha amiga e sabia me ouvir.

Entretanto, ao mesmo tempo, eu andava com os marginais do bairro, adotando comportamentos que não eram meus. Eu vivia relacionamentos precoces, fruto da carência emocional. Fumava e agia com agressividade, sem contar que pichava as paredes das ruas e usava os piores palavrões como parte do meu vocabulário.

Porém, aos 16 anos, já não queria mais aquela realidade. Um senso de responsabilidade começou a surgir, e acredito que o Espírito Santo já estava ali.

Obstinação profissional

Comecei a acreditar que precisava dar uma vida melhor à minha mãe, sair daquela miséria e conseguir um lugar para recomeçarmos. Afinal, saímos de um lar caótico e caímos em outro, desestruturado. Como ninguém parecia estar por mim, eu precisava lutar. A casa da minha avó não nos comportava; ali não era o nosso lar, éramos estrangeiras e precisávamos encarar nossa realidade. A rejeição, como se vê, nos aprisiona e nos acompanha por todos os ciclos da vida.

Assim, aos 16 anos, consegui meu primeiro emprego como caixa em uma farmácia de manipulação, ganhando 280 reais por mês. Era o suficiente para começar a adquirir maturidade e construir nossa vida. Logo nos mudamos para o nosso cantinho.

Dos 16 aos 18 anos, passei por uma fase turbulenta. Dentro de mim, havia um vazio gigantesco, resultado da ausência de uma paternidade e maternidade com alguém que tivesse diálogo. Essa carência emocional me consumia. Lembro-me de me sentir muito sozinha e vazia, sem ninguém por mim. Todas as vezes que via uma família se abraçando ou expressando carinho, sentia inveja e ficava admirando, tentando entender como seria se fosse comigo ou se algum dia eu viveria aquilo, ou se, na verdade, não era digna daquela realidade.

Antes, eu era uma criança sem contato com o mundo, como se estivesse presa, e, de repente, me vi solta, dentro da vida real, em uma cidade grande, descobrindo o mundo sem freios e sendo obrigada a me tornar adulta precocemente.

Esse período foi marcado por uma força gigante dentro de mim que me impulsionava a "vencer na vida". Porém, saí de uma existência sem propósito e me entreguei ao excesso de trabalho e à autossuficiência. O meu meio mudou; comecei a conhecer novas pessoas, mas dentro de mim dizia: "Ninguém vai fazer comigo o que fizeram com minha mãe, ninguém vai mandar em mim porque eu não vou precisar de homem nunca em toda a minha vida." Minha ira era fruto da falta de perdão e da rebeldia de alguém que se sentia desamparada.

Com o passar do tempo, fui mudando de profissão e me vi entrando no mundo das vendas. Isso gerou em mim ganância e uma competitividade muito grande. Descobri quanto era determinada e guerreira. Tornei-me imbatível, com o ímpeto de conquistar meus objetivos, indo de um extremo ao outro.

Entretanto, por trás dessa mulher aparentemente forte, havia uma pessoa que mascarava seus traumas e vazios com o excesso de atividades. Mas, ao deitar a cabeça no travesseiro, o eco do vazio batia forte. Mesmo assim, eu seguia em frente, afinal, nunca tinha chegado tão longe.

Obstinada, experimentei a falta de equilíbrio e o vício do trabalho. Desejava entrar para o mundo da moda, e então surgiu a oportunidade de trabalhar em uma das lojas femininas mais desejadas do mercado. Uma loja conceito, bem frequentada. Logo pensei: "Como uma menina que veio de uma cidade pequena, sem recursos e sem beleza exterior, sem saber se comunicar à altura, poderia fazer parte daquele time?". Minha vida era marcada pela rejeição e pelo sentimento de insuficiência. Mas, dentro de mim, eu dizia: "Farei o que for necessário para estar lá". Mesmo estando longe do estereótipo exigido, fui ousada e encarei a entrevista.

Nunca me esqueço daquele dia. Meu cabelo tinha a cor de gema de ovo, eu sempre fui uma criança acima do peso, e cheguei à entrevista toda desalinhada, fora de qualquer padrão. Ao entrar na loja, me sentia a pior pessoa do mundo, mas, por fora, demonstrava confiança de que poderia alcançar meus objetivos.

Por trás
dessa mulher
aparentemente forte,
havia uma pessoa
que mascarava seus
traumas e vazios
com o excesso de
atividades.

Bianca Franco

Logo ao entrar, deparei-me com as vendedoras, lindas e impecáveis. Nunca tinha visto tantas mulheres tão bonitas e bem cuidadas em toda a minha vida. De salto alto, maquiagens perfeitas, alinhadas e educadas. E lá estava eu, encurvada, vestindo roupas fora do padrão, mas ousada e confiante de que poderia ser como elas.

Durante a entrevista, a gerente me disse: "Você sabe que precisa mudar muitas coisas para fazer parte desse time, não é? Você não atende às exigências da marca, e as primeiras coisas que precisa mudar são os cabelos e as vestimentas". Respondi prontamente: "Farei o que for necessário para estar aqui". Minha ousadia a conquistou, e ali começou uma nova trajetória em minha vida.

Jornada de transformação e relacionamentos abusivos

A busca pelo "padrão perfeito" tornou-se meu novo objetivo. Entrei na loja e, de início, era a mais desacreditada de todas. Meu uniforme era o mais feio, esteticamente não era aceita. Mas, internamente, eu dizia: "Posso não ser tão bonita quanto vocês, mas vou me destacar e me tornar a melhor vendedora dessa rede". Já que, aos meus olhos, eu era desprovida de beleza física, foquei em me destacar de alguma forma. Contudo, não sabia quanto esse ambiente me influenciaria.

Nos primeiros meses, era a primeira a chegar e a última a sair. Muitas vezes deixei de ver a luz do dia, obcecada por vender. Não comia, queria mostrar que poderia ser boa e dar resultados. Ao mesmo tempo, a rejeição por não estar no padrão exigido me consumia. Comecei uma jornada de transformação completa. Primeiro, mudei os cabelos, depois, as roupas e, logo, estava insatisfeita, encontrando defeitos após defeitos em mim.

Além da gana por ser aprovada, buscava a perfeição em todos os aspectos. Eu tinha de ser perfeita e linda como as outras para me sentir aceita. As clientes eram impecáveis, o mundo delas parecia perfeito, e eu achava que aquilo poderia ser a minha resposta. Mal sabia que estava entrando em um caminho sem volta e me perdendo cada vez mais.

À medida que conhecia coisas boas, almejava vivê-las, mesmo sem ter aquele padrão de vida. Minha vida estava voltada para conquistar esses objetivos. Em poucos meses, tornei-me uma das melhores vendedoras, com números extraordinários. Entreguei minha vida àquele trabalho, e o padrão de perfeição e beleza começou a dominar minha mente.

Passei a mudar meu corpo. Eu desejava ser esbelta e ter um físico impecável, por isso, me tornei viciada em academia. As condições financeiras melhoraram e eu já estava ajudando minha mãe, mas entendia que precisava cuidar de mim.

Fiz cirurgias para mudar completamente minha aparência, pois eu não me aceitava. Havia um padrão "perfeito" que passou a ser o meu foco. No entanto, nunca estava satisfeita. Os lugares que frequentava já não eram suficientes, o nível dos relacionamentos mudava, e o padrão só crescia.

Comecei a desfrutar de uma vida mais abastada e a me viciar nesse estilo de vida, sem querer parar. Entrei em uma bolha de competição absurda e, quando percebi, já não havia mais como voltar atrás. Dediquei minha vida a ser aceita e validada como um destaque e a atenção tinha de ser para mim. Ganhei prêmios em diversas cidades, em convenções da marca, como uma das melhor vendedora da rede, ou como destaque. Eu era imbatível, uma força absurda, e isso me fazia sentir bem.

Iniciei a faculdade de moda, contudo, as coisas só pioraram. Dentro de mim havia um sentimento de vitória por conseguir pagar os meus estudos — eu era a primeira da minha casa a dar esse passo. Não sei de onde vinha tamanha força para dar conta de tudo. Eu passava a maior parte do tempo fora de casa e só voltava para dormir. Morávamos eu e minha mãe; a função dela era cuidar do lar e a minha era prover a fim de pagar todas as despesas, suas necessidades básicas e o meu novo padrão de vida.

Eu me formei e, então, comecei um novo plano de carreira: ser empresária e abrir um negócio próprio.

Comecei a vender roupa como sacoleira. Minha marca foi tomando forma e consegui abrir uma loja física. Com isso, conquistei aos poucos clientes e o meu espaço. Porém, tornei-me viciada em trabalho, academia e baladas de alto nível. Eu me envolvia com pessoas que não me valorizavam, mergulhando em um mundo que não era o meu. Meu foco estava no corpo perfeito e na aparência. De relacionamento em relacionamento, sempre me sentia usada. No fundo, era uma pessoa rejeitada, aceita apenas pelos resultados aparentes.

Transformei-me em uma "Barbie". O corpo não sustentava a imagem, e me tornei vulgar, desejando ser vista a qualquer custo. Mas a beleza não imprime valores, é fútil e faz com que sejamos algo que, internamente, não somos. Ah, se as pessoas pudessem nos conhecer intimamente, seria mais interessante. A menina que buscava ser amada sempre esteve ali, porque, além do estereótipo, havia uma mulher forte e determinada que apenas queria ser amada e cuidada, e que sentia a falta da proteção de um pai.

Comecei a perceber que meus relacionamentos não duravam porque eu queria, a todo custo, que me amassem e me protegessem, um papel que cabia a um pai, e não a um parceiro. Eu projetava a figura paterna sem perceber, e a carência era tão grande que aceitava muito pouco. Os relacionamentos não duravam. Logo, tornavam-se tóxicos, com agressões

Meus ouvidos se abriram e ouvi uma voz que dizia: "Este não é o seu lugar. Eu quero mudar a sua história".

Bianca Franco

verbais e palavras duras, que passei a ouvir com frequência, como: "Você nunca vai parar com ninguém", "Você é doida", "Ninguém nunca vai assumir você", "Quem vai se casar com você?", "Você é uma mulher com um passado sombrio". Eu era insegura e tinha medo de ser traída, tanto que acabava pondo tantas coisas na cabeça que aquilo se tornava realidade — e de fato fui traída.

Acumulei relacionamentos que se tornaram abusivos, e saía de cada um deles cada vez pior. Ouvi tantas palavras que acreditei merecer viver como minha avó e minha mãe. Eu atraía homens com o mesmo estereótipo, embora tudo o que desejava fosse ter uma família, algo que parecia cada vez mais distante. Mas o ponto central era que eu não me valorizava, afinal, nem sabia quem eu era. As roupas passaram a ficar cada vez mais curtas e o corpo, cada vez mais impecável — mas nada supria o vazio; as festas não preenchiam, as drogas já não faziam efeito.

O ponto crucial aconteceu aos 22 anos, durante uma festa em que me entreguei às drogas, às bebidas e aos relacionamentos. Em um ápice de tormenta pelo álcool, sem conhecer Jesus, tive uma das maiores experiências da minha vida: meus ouvidos se abriram e ouvi uma voz que dizia: "Este não é o seu lugar. Eu quero mudar a sua história". Em um encontro, tudo pode mudar.

O encontro com Jesus

Em 2012, minha irmã me apresentou Jesus em meio a uma decepção amorosa minha. Eu havia chegado ao extremo, a um ponto em que não podia mais sustentar. As trevas me aprisionavam, tornando-me escrava de Satanás. Cheguei ao limite de acreditar que não deveria ter nascido, que nunca teria uma família, sentindo-me como Jó, certa de que nada daria certo para mim. Acreditava ser um erro, e desejei a morte. Mas, no meio do caminho, Deus não abre mão de nós. E assim foi comigo.

Lembro-me perfeitamente da primeira vez em que fui a uma igreja evangélica. Cheguei com vestimentas curtas e inadequadas. Naquele dia, o que mais me impactou foi ver pessoas com as mãos levantadas, adorando ao Senhor. Eu não fechava os olhos, observando cada detalhe: crianças adorando, homens prostrados, uma música impactante, mulheres chorando. Naquele momento, tive a sensação: será que é isso que sempre busquei? A quem estavam adorando? Fiquei extremamente quebrantada ao ver pessoas cultuando a Deus com tanta intensidade.

A partir dali, meus olhos começaram a se abrir, mas ainda havia um processo a seguir. Comecei a frequentar os cultos com minha irmã e meu cunhado, muitas vezes sem vontade, do meu jeito espalhafatoso, vulgar e cheio de vícios. Iniciava-se uma jornada de desconstrução. Acredito que tive um encontro genuíno com Cristo, a ponto de viver uma conversão radical em tempo recorde. O Espírito Santo me envolveu de uma forma que era impossível não o amar.

Vi-me tão firme que comecei a ir aos cultos sem minha irmã. Passei a frequentá-los sozinha, interessando-me pelas coisas de Deus de forma acelerada, mas, ao mesmo tempo, em uma guerra interna, ainda desejando as coisas do mundo. Eu estava no primeiro amor, mas havia amado o mundo por 23 anos e precisava entender que seria um processo. Queremos que as pessoas mudem radicalmente de uma hora para outra, mas nem com todos será assim.

Comecei a perder amigos "do mundo" e a ser alvo de chacota entre eles. Zombavam de mim, chamando-me de "crente" e de "santinha". Muitos diziam: "Vamos ver até quando isso vai durar". Comecei a optar pelas coisas de Deus e, certo sábado, me vi no meu quarto, fechada, algo que nunca havia feito antes. Eu não suportava ficar na minha presença por não ter paz, mas naquela nova jornada precisava encarar a mim mesma.

Foram dias, noites e madrugadas de batalhas espirituais, ataques na mente e sensações de morte. Acordava com demônios me sufocando e chegava a sentir meu corpo sair da dimensão material. Eu não entendia o que estava acontecendo, por isso, chorava sozinha, sentindo uma dor imensa enquanto escutava a música *Aquieta a minha alma*.

Só eu sei quanto sofri naquele quarto, chorando em cima de um caderno, escrevendo cartas para Deus sobre o que eu queria viver e tentando entender o que se passava comigo. Não tive pastores por perto, nem discipuladores, mas tive as maiores experiências com o Senhor.

Decidi ser batizada em 2013. Nunca vou me esquecer da música entoada na ocasião: *Uma nova história*, de Fernandinho. Eu não imaginava até onde Deus poderia me levar. Comecei uma jornada intensa e profunda de libertação. Tive uma única amiga que fez parte das minhas campanhas de oração. No caminho, ela me apresentou a uma missionária pentecostal que trabalhava com cura e libertação. Caminhamos juntas por três meses, tempo suficiente para eu entender profundamente o mundo espiritual. Logo após, o Senhor a recolheu.

Em um desses encontros, chegou o momento da minha libertação. Naquele momento, decidi perdoar meus pais. Anos depois, reaproximei-me do meu pai, o perdoei e abri mão do passado para começar uma nova história. Não senti rancor algum, e foi tão libertador que os amo com todo o meu coração e os honrarei por toda a minha vida.

Por me entregar e renunciar tanto, tive muitas experiências profundas com Deus, inclusive em relação à sua paternidade. No entanto, minha maior dificuldade era na área sentimental, pois me sentia sozinha e desesperada para construir uma família. As propostas surgiam, e em uma delas, eu me vi forte, mas diversas vezes inconstante. Paulo escreveu:

> Assim, aquele que pensa estar de pé, cuidado para que não caia! Não sobreveio a vocês tentação que não fosse comum aos homens. Mas Deus é fiel; ele não permitirá que vocês sejam tentados além do que podem suportar. Mas, quando forem tentados, ele mesmo providenciará um escape, para que o possam suportar. (1Coríntios 10.12-13)

Deus providencia o escape, mas muitas vezes não queremos enxergá-lo. Satanás não brinca quando tenta nos envergonhar. No meio do caminho, acreditei que poderia ser instrumento de Deus para salvar um homem que tinha uma religião diferente da minha. Sim, Deus pode fazer isso, mas nem sempre se suportará o preço necessário. E, claro, não deu certo, e me senti voltando à estaca zero, mais uma vez envergonhada.

Ali aprendi a lidar com minhas fraquezas e não havia mais margem para erros. Com alguns anos de convertida, Deus me direcionou a mudar de igreja. Na nova congregação, estava ainda mais posicionada e começando a viver o chamado ministerial com mulheres. Nunca tive dúvida de que seria assim; assumi uma célula como líder e, por onde passava, multidões de mulheres se levantavam pela graça de Deus. Muitas se identificam com meu testemunho, mas é muito mais do que isso. Creio que Deus quer fazer novas coisas.

Meu chamado começou na célula que realizava em minha casa. Eu passava horas expulsando demônios e discipulando mulheres pelo celular, oferecendo assistência durante dias e madrugadas. Essa rotina começou a incomodar minha mãe, com quem dividia o ambiente. Enfrentei muitas perseguições nessa caminhada, pois agia com muita intensidade, mas isso foi essencial para o meu amadurecimento.

Desafios na vida sentimental

Naquela época, começou a maior jornada de confronto em minha vida sentimental. Um dos pastores de minha nova igreja era respeitado por todos; um homem inspirador, com uma liderança humana e acolhedora. Eu o admirava, mas apenas como líder.

Ele vinha de relacionamentos interrompidos e havia deixado sua cidade, Cuiabá, para estudar teologia em Belo Horizonte, minha cidade natal. Abriu mão de tudo para seguir sua caminhada ministerial e sempre foi o "pequeno Davi, o pastor da família". Hugo passou sete anos estudando no seminário, construindo uma trajetória de serviço intenso, enquanto Deus o preparava para um propósito maior.

Ele veio de uma família não cristã, com um pai alcoólatra e um cenário desestruturado, mas se converteu aos 9 anos e dedicou toda a vida a Deus, levando sua casa inteira à conversão. Quando o conheci, ele já estava havia quase sete anos em Belo Horizonte. Durante esse período, ele me observava em segredo, sem deixar pistas de que algo estava fora da normalidade. Houve uma aproximação, mas eu não imaginava que algo mais pudesse acontecer até ele me chamar para uma conversa.

Certo dia, ele apareceu na porta do meu apartamento, dizendo que estava se interessando por mim e perguntando se isso fazia sentido, já que orava por mim havia sete meses. Fiquei assustada e respondi que não fazia sentido para mim, afinal, meu coração estava fechado e eu não queria perder o foco. Além disso, ele não correspondia ao estereótipo de homem que eu admirava em minha vida anterior à salvação.

Hugo, sábio como sempre, não mudou sua postura, e ali começava um ponto de interrogação e um confronto interno dentro de mim. Apesar de querer muito uma família, eu tinha medo de errar. Os dias passaram, e ele não apareceu mais. Eu o via na igreja, e algo mexia dentro de mim. Minhas amigas diziam: "Por que você não tenta? Olha para ele, um homem inspirador, com a vida totalmente entregue ao Senhor". Eu pensava: "Pode ser um homem de Deus, mas não é o meu estilo". Foi ali que comecei a derrubar um muro de padrões mundanos que ainda havia em mim.

Eu tinha padrões pré-estabelecidos e não compreendia por que Hugo não tinha uma profissão além do pastoreio. Naquela época, ele era sustentado pelos pais para investir na vida ministerial, algo novo para mim, e eu encontrava nele muitos defeitos. Mas, certo dia, ouvi minha irmã dizer: "Você está sendo fútil. Olhe seus critérios. Talvez seja por isso que, a vida inteira, você não deu certo com ninguém." Aquilo foi um choque de realidade. Ali, Deus começou a quebrar meu ego e minha vaidade. Ele dizia: "O lugar da sua maior dor será o cenário da sua maior honra". Fui confrontada e decidi tentar.

Eu e Hugo começamos a orar, e passei a viver uma realidade até então inédita: um relacionamento santo. Achei que nunca seria capaz disso, devido ao meu histórico, mas Jesus nos surpreende. Começamos a namorar, mas eu não conseguia assumir o compromisso publicamente, pois Deus estava me ensinando a largar o mundo que ainda existia em mim.

Certo dia, ao ouvi-lo pregar, tive uma experiência libertadora. Ouvi audivelmente o Espírito Santo dizer: "Olhe para o púlpito. Esse homem que você vê por fora, eu vejo o coração. Na verdade, quem não o merece é você!". Foi confortador e verdadeiro: eu que

Ele dizia: "O lugar da sua maior dor...

não o merecia. Caí no chão, quebrantada, e, no final da ministração, pedi perdão por todas as vezes em que não o valorizei e o diminuí. Entende como um rejeitado não curado reproduz naturalmente essa raiz? O mundo ainda gritava dentro de mim, mas o Senhor estava me ajudando a quebrar os antigos padrões. Afinal, eu só seria livre e feliz se confiasse nele.

Muitas coisas me assustaram no começo, mas eu entendia que Deus tinha algo planejado para mim e eu precisava aprender a lidar com aquilo. Eu já estava liderando mulheres, algo que amava profundamente. Meu coração acelerava ao impulsioná-las, levantá-las e libertá-las das maiores cadeias da rejeição. Mas, eu estava em um processo que seria necessário futuramente.

Aceitei namorar Hugo e fui constrangida pelo imenso amor que recebia dele. Às vezes, nem acreditava que aquilo poderia ser real. Era a primeira vez em que me sentia tão amada, cuidada, valorizada e respeitada em um relacionamento amoroso. Algo puro.

Porém, depois de sete anos em Belo Horizonte e com apenas um mês de relacionamento, ele se encontrou

... será o cenário da sua maior honra".

em uma crise, querendo voltar para sua cidade natal e abrir uma igreja do zero. Deus falou ao meu coração que o liberasse para viver seu chamado e entregasse o relacionamento a ele. E assim aconteceu. Meu namorado voltou a Cuiabá e começou do zero. Namoramos à distância por um ano e meio, e tivemos poucos momentos juntos, mas eu via o Senhor nos guardar.

Quando anunciamos nosso relacionamento, ninguém acreditava que poderia dar certo. Afinal, éramos opostos: um "santinho", com a vida guardada em Deus, e uma mulher vinda de um contexto improvável. O Senhor começou a expor minhas feridas e me preparou para enfrentar as rejeições. Eu não era a mulher ideal para o pastor. Seus familiares me rejeitaram, e muitos ao seu redor não me aceitavam, apenas ao verem minhas fotos. Minha sogra e suas irmãs "do coque" subiam o monte para pedir a Deus que me tirasse da vida dele, sem saber que seriam o braço forte da intercessão do meu ministério.

Nesse contexto, o Senhor e meu marido enxergavam meu futuro. Enfim, nos casamos, deixei tudo para trás e comecei uma nova história. Saí da minha cidade somente com a mala e a roupa do corpo e, ali, comecei uma jornada de renúncia. Afinal, como poderia deixar tudo para trás depois de anos lutando para conquistar algo? Essa é a obra do Espírito Santo. Deixei tudo sem saber o poder da semente que me aguardava. Na minha mente, pensava comigo: "Vão começar os melhores anos da minha vida". Mas, na verdade, começariam anos desafiadores, em que eu aprenderia a destruir os danos da rejeição.

História transformada

Comecei a aprender a lidar com os conflitos da vida de casada. Logo nos primeiros meses, enfrentávamos guerras na comunicação. Ali, comecei a lidar com os reflexos da minha falta de submissão. Meu marido sempre foi educado e bem-criado, enquanto eu não tive nenhuma base familiar. Minha defesa em meio a uma discussão era gritar e impor minhas opiniões. Afinal, "nenhum homem mandaria em mim"!

Uma rejeitada não curada queria se impor pelo tom de voz. Eu buscava dar todas as ordens e não sabia lidar com a palavra "não". Mas, graças a Deus, casei-me com um homem e não com um menino, por isso, meu marido passou a me pôr em meu devido lugar e comecei a aprender a suportar sem revidar.

Entrei em um processo de aprendizagem para compreender qual eram minhas obrigações perante o papel que o Eterno me deu. Eu não poderia fazer apenas o que queria, mas, sim, o que devia. Não havia como terceirizar o que era minha responsabilidade. Em lágrimas, tive de aprender a lidar com a casa, a cozinhar lavar, passar e cuidar do meu marido.

Era impossível entrar no ministério sem alinhar meu interior. Deus chama aqueles que compreendem as prioridades. Em meio aos desafios, o Senhor me chamava a olhar para o lar. Sem emprego, precisei aprender a ser dependente dele. Não tinha dinheiro, nem casa, e morei de favor na casa da minha sogra no primeiro mês. Ali, aprendi a ouvir a voz e a respeitar a autoridade de uma mãe. Muitas vezes meus sogros foram usados pelo Espírito Santo para me curar nas questões ligadas à maternidade e à paternidade.

De todo este testemunho, a parte mais importante para mim é que meu marido foi usado por Deus para resgatar minha casa e minha família. Meus pais o amam e reconhecem sua autoridade, a ponto de terem aceitado Jesus por meio da sua vida. Todos da minha família de origem creram! Sou eternamente grata ao meu marido; depois de Cristo, ele foi a melhor escolha de toda a minha vida.

Porém, eu ainda estava em uma jornada de confronto com o Espírito Santo. Por ser a esposa do pastor, muitas criaram expectativas em relação a mim, mas eu não conseguia supri-las, pois estava passando por muitas curas e mudanças ao mesmo tempo. Eu não queria saber de ministério e fiquei dois anos sem pegar em um microfone.

Não há como fugir quando o chamado interior se faz ouvir com tanta intensidade. Compreendo plenamente que existem momentos para o esconderijo e momentos para a exposição. Apressar-se a sair antes do tempo pode levar a danos impossíveis de suportar. É fundamental respeitar o tempo da cura; caso contrário, uma mulher ferida pode acabar gerando outras na mesma condição.

Nesse contexto, entendi que o esconderijo era uma ferramenta para impulsionar o meu marido em seu ministério. Era o seu suporte de oração para carregar o cajado que estava em suas mãos — era o momento dele e eu precisa aprender a me submeter.

Contudo, quando há um chamado divino, todas as circunstâncias se voltam para que ele se concretize. É inevitável enfrentar pressões até se compreender que Deus nos criou para um propósito específico. Assim ocorreu comigo: o Senhor me conduziu e me forçou a viver essa nova realidade.

Depois de dois anos em Cuiabá, decidi subir ao púlpito para pregar pela primeira vez. Assim que pus os pés ali, ouvi uma voz audível, que disse: "Você pisou no altar e agora nunca mais sai dele". E assim tem sido. .

É importante compreender que o seu passado não tem poder para impedir o que Jesus já determinou na sua vida. Ele usará nossa história para nos fazer alcançar o que parecia improvável. Nessa nova fase, comecei uma célula com poucas mulheres. Dela, passamos a um culto com cem mulheres, e, em seguida, para um com mil participantes. Gradualmente, reunimo-nos em estádios com multidões de mulheres, e um grande ajuntamento se formou. Sou pastora de uma igreja local com vários trabalhos voltados para mulheres, uma jornada de recomeço, cura e aprovação.

O seu passado não tem poder para impedir o que Jesus já determinou na sua vida.

O maior chamado que uma mulher pode ter é retornar à essência de seu lar. Em meio a tantas curas, tivemos nosso primeiro filho, Benício, cujo nome significa "abençoado por Deus". O que sempre foi um sonho agora se tornava realidade. Aquela que foi desacreditada e amaldiçoada com palavras agora era uma mulher aprovada pelo Senhor

Descobri meu propósito: aonde quer que eu vá, vou declarar: *de rejeitada a aprovada*! Isso é o que Deus fará na sua vida por meio da leitura deste livro. Jesus não escolhe aqueles que já estão prontos; ele seleciona aqueles que, para o mundo, podem parecer loucura. Assim foi com os seus discípulos, doze homens improváveis que, ao longo do caminho, foram aperfeiçoados. É possível que ninguém os escolheria, mas, quando Deus escolhe, ninguém pode impedir. Entendo que ele chama as destruídas para serem reconstruídas. Se você se identifica com isso, seja bem-vinda!

Lembre-se: ninguém começa do nada. Sempre há uma história e uma mulher forte por trás de uma grande vitória. O resgate um dia chega. Muitos podem não ver os processos que foram vividos e vencidos, mas desejarão a fórmula certa para alcançar a aprovação do Senhor. Precisamos amar o processo e não sentir vergonha da nossa história. Cada vírgula será uma cicatriz para alcançar pessoas reais que saberão que serão capazes de vencerem também.

Não pare de crer. Jesus é o caminho, a verdade e a vida (cf. João 14.6), o único que pode transformar a sua história. Você é aprovada!

capítulo dois

2

A REJEIÇÃO E SEUS MONSTROS INVISÍVEIS

propósito

mulheres

vitória

A necessidade de pertencer é intrínseca à natureza humana. Desde tempos antigos, a sobrevivência dependia de nossa capacidade de formar comunidades e estabelecer conexões. Esse desejo de pertencimento vai além da simples convivência social; ele toca o âmago de quem somos e influencia nossa identidade e autoestima. Ser aceito nos proporciona segurança emocional e validação. Quando nos sentimos parte, experimentamos uma sensação de conforto e apoio que nos motiva a enfrentar desafios e celebrar conquistas.

A neurociência — que é o campo de estudo que investiga o sistema nervoso, incluindo a estrutura e as funções do cérebro a fim de entender como os processos neuronais afetam comportamentos, emoções e a cognição do ser humano — pode nos ajudar a esclarecer um pouco mais sobre a questão da rejeição.

A rejeição social pode ter um impacto profundo no ser humano, tanto emocional quanto fisiologicamente. Um estudo pioneiro conduzido pela psicóloga social Naomi Eisenberger usou ressonância magnética funcional (fMRI) para explorar como o cérebro processa a rejeição. Os resultados revelaram que ela ativa áreas cerebrais similares às da dor física, especialmente o córtex cingulado anterior.[1] Isso explica por que a exclusão social pode ser tão dolorosa e intensa, o que destaca a relação direta entre experiências emocionais e físicas. A resposta emocional à rejeição inclui a produção de impulsos de defesa no cérebro, que tenta proteger o indivíduo da dor. Esses impulsos podem se manifestar como retração social ou, em alguns casos, comportamentos agressivos.

Essas descobertas são fundamentais para entender a dor emocional causada pelo fato de alguém se sentir rejeitado. É um problema que precisamos levar a sério, pois a rejeição causa feridas que doem e machucam para além do emocional, porque ela ativa exatamente a mesma área do cérebro onde se manifesta a dor física. Portanto, a dor emocional é real e é sentida tanto quanto a dor de um ferimento. É a dor de uma ferida grave na alma.

Ao compreender esse fato, percebemos que as nossas dores também se alojam na mente. Não fica difícil perceber que a rejeição afeta os seres humanos nos âmbitos emocional, cognitivo, comportamental e neural. E é por isso que a orientação de Paulo em Romanos 12.2 faz tanto sentido: "Não se amoldem ao padrão deste mundo, mas transformem-se pela renovação da

---

1 Disponível em: <https://www.ibccoaching.com.br/portal/ser-livre/neurociencia-dor-da-rejeicao/>. Acesso em 16 de ago. de 2024.

sua mente, para que sejam capazes de experimentar e comprovar a boa, agradável e perfeita vontade de Deus". Se toda dor também está na mente, ela é o lugar onde a cura deve começar.

O complexo de rejeição tem suas raízes em experiências negativas de exclusão ou desaprovação, frequentemente vividas na infância. Crescer em um ambiente onde o afeto entre os pais é escasso ou inconsistente pode deixar uma marca profunda, levando a sentimentos de inadequação e insegurança.

Experiências como *bullying* ou exclusão social durante a infância e adolescência também contribuem para a percepção de uma rejeição contínua. Esses eventos negativos criam cicatrizes emocionais que podem persistir na vida adulta, influenciando a forma como a pessoa se relaciona com os outros. Além disso, traumas emocionais, como abandono ou abuso, intensificam a sensibilidade à rejeição. A dor associada a essas experiências pode tornar-se uma parte central da identidade emocional.

Outra origem importante, está nos modelos de relacionamento observados dentro de casa. Padrões disfuncionais de interação entre familiares ensinam maneiras prejudiciais de perceber aceitação e rejeição, perpetuando esse complexo ao longo da vida. Esses fatores combinados moldam uma sensação persistente de insegurança, influenciando comportamentos e a saúde emocional, o que afeta profundamente interações e autoestima, de formas que podem se estender por anos e passar de geração a geração.

Diversas experiências podem desencadear esses sentimentos de rejeição. As que considero são: *cuidado parental insuficiente ou inadequado; ausência de amor; bullying e preconceito; abuso físico, verbal, sexual ou emocional; gravidez indesejada; deficiência; base de comparação; conflitos no lar; traição, abandono; aborto desejado ou tentado; adoção; morte de um ou ambos os pais; divórcio e outros.*

O complexo de rejeição desencadeia uma série de pensamentos automáticos nas pessoas que o experimentam. Eu sei que é difícil mexer no passado, e muitas vezes não queremos encarar e lidar com certas dores que estão anestesiadas, porque sabemos que, se tocarmos, sentiremos dor novamente. Mas, sem dúvida, é necessário retirar o curativo que encobre a ferida, entrando em uma nova estação de liberdade, crescimento e cura. O fato é que não é possível mudar o que lhe fizeram, mas você é a única responsável pela sua resposta diante dessa situação.

Entenda: você não precisa lutar contra seres humanos; a sua batalha é contra fortalezas que tentam dominá-la com a finalidade de calá-la. Efésios 6.10 deixa isso muito claro: "Vistam-se de toda armadura de Deus para poderem ficar firmes contra as ciladas do diabo, *pois a nossa luta não é contra sangue e carne, mas contra os poderes e as autoridades, contra os dominadores deste mundo de trevas e contra as forças espirituais do mal nas regiões celestiais*" (grifo nosso).

Muitos gastam todo o seu emocional desejando o pior para quem os feriu. Uma das coisas que você vai aprender na jornada de rejeitada a aprovada é que o perdão é uma ferramenta de libertação. A rejeição é como uma doença e chega um momento em que é impossível esconder seus danos — pois, assim como uma árvore, a rejeição também produz frutos, mas são frutos malditos.

Até certa idade, você não tem controle nem ideia do que isso significa. Mas, em determinado momento, os resultados falam por si e acabam por afetar quem estiver ao redor. Os danos causados por respostas emocionais negativas geradas pela rejeição são incalculáveis, e precisamos entender um pouco mais sobre elas.

Você não precisa lutar contra seres humanos; a sua batalha é contra fortalezas que tentam dominá-la com a finalidade de calá-la.

Respostas emocionais causadas pela rejeição

Baixa autoestima

É a percepção negativa que uma pessoa tem de si mesma. Ela se manifesta como uma falta de confiança, autocrítica excessiva e uma sensação de inadequação. Quem tem baixa autoestima duvida constantemente de suas habilidades, se sente incapaz de lidar com desafios e está em uma busca constante por validação externa. Tudo isso afeta diretamente as relações pessoais e profissionais, além de contribuir para a geração de problemas emocionais como ansiedade e depressão.

A rejeição gera um impacto profundo na autoestima de uma pessoa. Ao enfrentá-la, em contextos pessoais, sociais ou profissionais, uma série de pensamentos e sentimentos negativos sobre si mesma acaba por acontecer. Ela provoca dúvidas sobre os próprios valor e competência. É quando se começa a questionar as habilidades, a aparência e a personalidade, o que leva a um ciclo de autocrítica e insegurança. Um processo doloroso, que, se não for interrompido, pode solidificar uma visão pessimista e deturpada de si mesma, que compromete o amor-próprio de maneira profunda.

Quando você tem baixa autoestima, acaba tentando evitar novos desafios ou experiências, justamente por viver temendo mais rejeição. Pessoas que sofrem com isso frequentemente dependem da aprovação dos outros para se sentirem valiosas, e é aí que se perpetua um ciclo doentio de insegurança.

Isolamento social

É a falta de interação significativa com outras pessoas, que leva a sentimentos de solidão e desamparo. Emocionalmente, provoca tristeza, ansiedade e um senso de desconexão. Psicologicamente, afeta a autoestima e aumenta o risco de depressão e outras condições mentais e emocionais. A ausência de suporte social que esse isolamento acarreta também pode prejudicar a capacidade de lidar com o estresse.

O isolamento social afeta profundamente o bem-estar emocional e psicológico. Isso porque, ao enfrentar a rejeição, nasce um comportamento que leva as pessoas a evitar interações sociais para se proteger de novas experiências potencialmente traumáticas. Esse comportamento de autodefesa, embora compreensível, acaba por resultar em um ciclo vicioso de solidão e desconexão.

Esse isolamento gera sentimentos de tristeza, ansiedade e desesperança. O indivíduo sente que não é digno de companhia ou aceitação, o que agrava a percepção de inadequação e a baixa autoestima já mencionada. Essa desconexão dos outros impede a construção de laços significativos e aprisiona sua vítima na fortaleza da mentira de que não é aceita e de que ninguém a quer por perto. É uma prisão em que a punição é ter negados o apoio emocional e os benefícios de conforto e satisfação que as relações saudáveis oferecem. Esse isolamento torna a pessoa ainda mais incapaz de lidar com desafios e estresses.

Melancolia

É um estado emocional profundo de tristeza persistente, introspecção e perda de interesse nas atividades. Envolve sentimentos de desesperança e vazio e afeta a capacidade de experimentar prazer.

A rejeição produz um estado de melancolia que afeta profundamente o equilíbrio emocional e psicológico de uma pessoa. Quando alguém se sente rejeitado, é comum que experimente uma tristeza persistente que parece impregnar todos os aspectos da vida.

Essa melancolia é frequentemente acompanhada por uma introspecção profunda, em que o indivíduo revisita constantemente a experiência de rejeição num *looping*, questionando o próprio valor e as decisões que tomou.

O sentimento de desesperança leva a uma perda de interesse nas atividades que antes traziam satisfação. A melancolia intensifica a percepção de isolamento e desconexão, tornando difícil encontrar motivação para superar desafios diários ou se envolver em interações e relações sociais significativas.

Desamparo

É um estado emocional e psicológico no qual a pessoa sente incapacidade de mudar ou controlar a situação, o que leva ao sentimento de impotência e desesperança. Quem passa pelo desamparo se sente abandonado, sem auxílio material ou moral, e acredita ter caído no esquecimento — o que leva a uma sensação de orfandade. É comum estar associado à falta de suporte ou recursos e traz apatia e desmotivação, sendo muito comum em pessoas que viveram experiências traumáticas ou repetidas de fracasso.

A rejeição provoca um profundo senso de desamparo, que afeta a capacidade de uma pessoa de reagir e lidar com as situações. Quando alguém é rejeitado, a sensação de impotência e falta de controle sobre a própria vida se intensifica, gerando sentimentos de desesperança e falta de otimismo. Esse estado emocional surge porque a rejeição abala a confiança nas próprias habilidades e no valor pessoal. A vítima começa a acreditar que seus esforços não são suficientes para conquistar reconhecimento, o que leva a uma paralisia emocional.

Também há o desamparo aprendido, um conceito psicológico que descreve como a repetida exposição a situações negativas fora do controle pode resultar em falta de motivação. Essa condição aumenta ao sofrer rejeição, pois ela reforça a crença de que mudanças positivas são impossíveis de acontecer.

Estresse

É uma resposta emocional e psicológica a pressões ou demandas percebidas como desafiadoras ou ameaçadoras. Ele afeta o sistema nervoso, e o resultado são reações físicas e mentais como ansiedade, tensão muscular e irritabilidade, que podem levar a problemas como depressão e esgotamento.

A rejeição desencadeia um estado de estresse que impacta tanto o bem-estar emocional quanto psicológico de uma pessoa. Ao enfrentar a rejeição, o corpo e a mente reagem como se estivessem diante de uma ameaça, ativando o sistema de "luta ou fuga". Essa resposta ao estresse provoca sintomas físicos como aumento da frequência cardíaca, tensão muscular e ansiedade. Tudo isso combinado a reações psicológicas de inadequação, insegurança e medo de novas rejeições, que mantêm o estresse em níveis elevados.

Ansiedade

A ansiedade é uma resposta emocional de preocupação excessiva, nervosismo e medo em relação a eventos futuros. Embora seja uma reação normal ao estresse, quando persistente ou desproporcional pode afetar não só a mente, mas o corpo, causando insônia, dificuldade de concentração e agitação, e impactando a qualidade de vida.

A rejeição pode ser um gatilho poderoso para a ansiedade. Quando alguém é rejeitado, sofre um medo intenso de não ser aceito, o que pode levar a preocupações constantes e uma sensação de nunca se sentir seguro.

Esse estado de ansiedade é repleto de pensamentos negativos e recorrentes sobre autovalor. Também agrega em um comportamento de estar sempre antecipando negativamente as futuras reações e interações sociais. A pessoa começa a evitar situações em que acredite que exista possibilidade de rejeição.

No corpo, a ansiedade nos faz padecer com tensão muscular, palpitações e dificuldade para respirar, enquanto a mente tem um aumento na dificuldade de concentração. São consequências que tornam a vida de uma pessoa muito difícil, impactando a capacidade de funcionar de forma eficaz no dia a dia, em vários âmbitos.

Depressão

É um estado de desencorajamento e perda de interesse que sobrevém após perdas, fracassos e estresse físico ou psíquico, nos momentos em que o indivíduo toma consciência do sofrimento ou da solidão em que se encontra. A depressão afeta a capacidade de realizar tarefas diárias e interagir com outras pessoas.

Carência

É a falta ou privação de algo necessário. Ela gera uma necessidade afetiva que será transferida para algo ou alguém. A rejeição intensifica a carência emocional, deixando a pessoa com uma necessidade profunda de validação e afeto. Sentir-se rejeitado gera uma sensação de não ser amado ou aceito que, consequentemente, causa insegurança e uma busca constante por aprovação externa.

Essa carência se manifesta como um desejo urgente de atenção e reconhecimento. Os comportamentos que vêm a partir daí são dependência emocional e uma busca incessante por relacionamentos superficiais. A pessoa vive se esforçando para agradar os outros a qualquer custo, com medo de ser mais rejeitada. Além disso, a carência pode criar dificuldades em estabelecer limites saudáveis, resultando em relações desequilibradas. A busca por validação externa frequentemente deixa a pessoa vulnerável a manipulações e decepções, perpetuando o ciclo de insegurança.

Necessidade de aprovação

É o desejo intenso de ser aceito e validado pelos outros. Ela envolve buscar constantemente reconhecimento e feedback positivo para sentir-se valorizado. Uma pessoa que vive com intensa necessidade de aprovação, desenvolve comportamentos como conformidade excessiva, medo de críticas e uma dependência emocional que impacta sua autonomia.

Com a rejeição, a necessidade de aprovação é amplificada, deixando a pessoa com uma busca constante por validação externa. Quando alguém experimenta a dor de ser rejeitado, pode começar a duvidar do próprio valor e buscar a aceitação dos outros para sentir-se digno.

Essa necessidade se manifesta também em uma busca incessante por elogios. Você se torna aquela que evita conflitos, suprime os próprios desejos e opiniões e se esforça ao máximo para agradar os outros, mas, na verdade, seu maior medo é sofrer mais rejeição.

Com o tempo, essa dependência da aprovação dos outros leva à perda de autenticidade. Você vira um fantoche, onde suas decisões são guiadas pelo desejo de agradar, em vez de refletirem seus verdadeiros valores, necessidades e vontades.

Ciúme excessivo

É um comportamento associado ao medo de perder uma pessoa, que aponta para um desejo inconsciente de controle sobre os sentimentos as e ações do outro.

A rejeição pode estar diretamente ligada ao ciúme excessivo, que afeta negativamente relacionamentos e emoções. Ter uma experiência de rejeição dá origem a insegurança e a um medo constante de perder o afeto ou a atenção de determinadas pessoas. Esse ciúme acarreta desconfiança exagerada e a necessidade de controle sobre o parceiro ou os amigos. A pessoa interpreta interações inofensivas como ameaças, tornando-se a própria causadora de conflitos e tensões em seus relacionamentos.

Quando alguém experimenta a dor de ser rejeitado, pode começar a duvidar do próprio valor e buscar a aceitação dos outros para sentir-se digno.

Bianca Franco

O ciúme excessivo é debilitante e cria um ciclo de possessividade e insegurança. Ele impede o desenvolvimento de confiança mútua e sufoca a autonomia, o que resulta em relacionamentos disfuncionais.

Insubmissão

É a recusa de obedecer à autoridade ou a regras estabelecidas. Ela pode surgir como resistência a controle, ordens ou expectativas de figuras de autoridade, o que reflete um desejo de autonomia e independência. A insubmissão pode ser motivada por uma busca por justiça, equidade ou autoafirmação.

A rejeição pode levar à insubmissão como uma forma de defesa contra sentimentos de vulnerabilidade. Por ser rejeitado, pode-se desenvolver uma resistência às regras e expectativas, como uma maneira de afirmar ou impor seu próprio valor. Daí surgem a desobediência ou o desafio às pessoas que representem algum tipo de autoridade, refletindo um desejo de recuperar o controle para evitar ser rejeitado novamente. Tudo isso para mostrar aos outros que o indivíduo é independente e provar que não precisa da aprovação alheia.

Quando a insubmissão nasce da rejeição, acaba resultando em conflitos e isolamento. A resistência constante dificulta relações saudáveis e duradouras, além de impedir a cooperação em ambientes profissionais e pessoais.

Autoritarismo

Em associação tênue com a insubmissão, o autoritarismo vem de alguém que tenta impor respeito e obediência. Essa pessoa passa a exigir que sua opinião seja a que deve sempre ser aceita.

A rejeição pode levar ao desenvolvimento de atitudes autoritárias, como uma forma de proteger-se e não se colocar em situação de vulnerabilidade. Uma pessoa rejeitada pode sentir uma necessidade intensa de controlar situações e pessoas ao redor, pois sente que precisa evitar a dor de ser desprezada novamente.

Esse autoritarismo aparece nas tentativas de impor poder e regras rígidas sobre os outros, para garantir a própria importância e reconhecimento. A pessoa autoritária acredita que, ao dominar e controlar, pode reduzir a possibilidade de ser rejeitada. No entanto, essa abordagem cria um ambiente de tensão e resistência. As relações com o outro podem se deteriorar, uma vez que o comportamento autoritário sufoca qualquer tipo de colaboração e comunicação aberta.

Ira

É uma emoção intensa que surge em resposta a frustração, injustiça ou ameaça percebida. Representa sentimentos de raiva, irritação e agressividade que, mesmo sendo uma reação natural, é descontrolada e pode levar a comportamentos impulsivos.

Um profundo sentimento de ira, que afeta o emocional e as relações interpessoais, pode nascer em uma pessoa rejeitada. Ao ser rejeitado, a dor emocional e a sensação de inadequação podem rapidamente se transformar em raiva. Essa ira pode ser direcionada tanto para a fonte da rejeição quanto para si mesma. A pessoa sente que foi tratada de maneira injusta ou não reconhecida, então se apega a um desejo de retaliar ou se proteger de futuras mágoas. No âmbito interno, essa raiva pode se manifestar como autocrítica severa, alimentando um ciclo de culpa e frustração.

O sentimento de ira como resultado da rejeição, em algum momento vai acabar levando a comportamentos impulsivos, discussões acaloradas ou isolamento, afetando negativamente amizades e relações profissionais. Um sentimento como esse que não é administrado pode evoluir para um ressentimento prolongado, que vai impactar diretamente a saúde mental e emocional.

Culpa

É uma emoção que surge quando alguém acredita ter feito algo errado ou falhado em relação a regras, sejam elas pessoais, sejam sociais. Toda culpa vem acompanhada por sentimentos de remorso e arrependimento, que levam a um desejo de corrigir ou compensar o erro. Embora a culpa possa motivar mudanças positivas, em excesso ela se torna debilitante.

Quando a culpa se origina da rejeição, ela afeta a maneira como uma pessoa percebe a si mesma e a suas ações. Passa a ser comum viver internalizando experiências vividas e acreditar que a falha está em si ou nas próprias atitudes. Como resultado, surge uma autocrítica intensa, mediante a qual a pessoa se culpa por não ser "suficientemente boa" ou por não atender às expectativas alheias. É quando tem início um ciclo de pensamentos negativos que alimenta os estados de baixa autoestima e insegurança.

O sentimento de culpa é paralisante e impede o indivíduo de seguir em frente e buscar novas oportunidades. Em vez de ver a rejeição como uma experiência isolada, a culpa o faz passar a interpretá-la como uma confirmação das falhas pessoais.

Quando a culpa se origina da rejeição, ela afeta a maneira como uma pessoa percebe a si mesma e a suas ações.

Insegurança

É um estado emocional que muitas vezes acompanha a rejeição. Quando alguém nos rejeita, seja no âmbito pessoal, seja no profissional, seja no social, a sensação de sermos inadequados ou insuficientes pode emergir de forma avassaladora. Essa experiência, profundamente enraizada na nossa necessidade de aceitação e pertencimento, pode desencadear uma espiral de dúvidas sobre o próprio valor.

A rejeição, ao contrário do que muitas vezes se pensa, não é apenas um reflexo de ações ou características, mas, sim, uma complexa interação de circunstâncias, expectativas e percepções alheias. No entanto, ao sermos rejeitados, a tendência é internalizar esse evento como uma falha pessoal, o que alimenta a insegurança. Perguntas como: "O que há de errado comigo?" ou "Por que não sou boa o suficiente?" tornam-se constantes, corroendo a autoestima e a confiança.

Além disso, a insegurança pode levar a um comportamento de autoproteção. Evitar novos relacionamentos, oportunidades ou desafios pode parecer a melhor maneira de prevenir novas rejeições. No entanto, esse ciclo de evasão apenas fortalece a insegurança, o que cria uma barreira que impede o crescimento pessoal e espiritual.

Perfeccionismo

É a tendência de estabelecer padrões extremamente elevados de desempenho, acompanhada por uma autoavaliação crítica e a preocupação constante com erros ou falhas.

As pessoas perfeccionistas frequentemente acreditam que suas realizações nunca são suficientemente boas e têm uma necessidade intensa de atingir a perfeição em todas as áreas da vida. Isso leva a sentimentos de insatisfação, ansiedade, procrastinação e esgotamento, o que impacta negativamente a vida e mentalidade de uma pessoa.

A rejeição pode ser um catalisador poderoso para o desenvolvimento do perfeccionismo. Quando alguém experimenta a dor e a decepção de ser rejeitado, começa a acreditar que a única maneira de evitar futuras rejeições é atingindo padrões extremamente elevados de desempenho.

Essa busca incessante pela perfeição é uma tentativa de compensar sentimentos de inadequação e insegurança, que leva o indivíduo a se esforçar para alcançar um nível de perfeição irrealista em todas as áreas da vida. Esse comportamento pode se manifestar no trabalho, nos estudos, nas relações pessoais e até nas atividades cotidianas.

Pessimismo

É a tendência a ver e esperar o pior das situações. Pessoas pessimistas geralmente têm uma visão negativa do futuro. Elas acreditam que as coisas vão dar errado ou que os resultados serão desfavoráveis. Esse estado mental afeta a maneira como interpretam eventos e tomam decisões, o que muitas vezes leva à ansiedade, à depressão e à falta de motivação. O pessimismo pode ser um hábito mental aprendido ou resultar de experiências negativas de vida.

A rejeição afeta profundamente a perspectiva de uma pessoa sobre a vida e o futuro, que leva a uma visão negativa e desalentadora das situações futuras, manifestando-se como uma expectativa constante de que as coisas darão errado. O pessimista começa a acreditar que não é capaz de alcançar o sucesso ou a felicidade, baseando suas expectativas do que está por vir em experiências passadas de rejeição.

Essa mentalidade pode levar a uma antecipação de fracassos e decepções, o que mina a motivação e a vontade de tentar novas experiências. Por exemplo, um elogio pode ser visto como insincero e um desafio, como uma ameaça inevitável ao fracasso. É um ciclo que perpetua sentimentos de ansiedade, tristeza e desesperança.

Vício

É um estado de dependência física ou psicológica de uma substância, comportamento ou atividade, que causa compulsão e dificuldade de controle. Os vícios podem envolver drogas, álcool, jogos de azar, comida e internet, entre outros. São uma busca incessante da fonte de dependência, apesar das consequências negativas para a saúde, as relações e a vida profissional. Vícios alteram o funcionamento do cérebro, o que leva a mudanças no comportamento e na tomada de decisões. Isso torna o tratamento e a recuperação desafiadores.

Quando alguém enfrenta a dor e o trauma da rejeição, pode buscar formas de aliviar o sofrimento e encontrar conforto em comportamentos ou substâncias que proporcionam prazer momentâneo. Essa busca de alívio pode levar ao desenvolvimento de vícios, uma vez que a rejeição pode deixar a pessoa se sentindo inadequada, isolada e emocionalmente fragilizada, o que a torna mais vulnerável a buscar escape em atividades que ofereçam uma sensação temporária de euforia ou alívio do sofrimento.

O vício como consequência da rejeição se manifesta como uma tentativa de preencher o vazio emocional e evitar a dor. A pessoa pode recorrer à substância ou ao comportamento viciante como uma forma de anestesiar os sentimentos de inadequação e baixa autoestima. No entanto, essa busca por alívio é geralmente temporária e, com o tempo, pode levar a um ciclo vicioso de dependência e agravamento dos problemas emocionais. A rejeição inicial, que gerou a busca por alívio, acaba sendo exacerbada pelo impacto negativo do vício, o que cria um ciclo de dor e dependência.

Comparação

É o ato de avaliar duas ou mais coisas, pessoas ou situações, identificando semelhanças e diferenças entre elas. No contexto pessoal e emocional, a comparação envolve medir-se em relação aos outros, considerando aspectos como aparência, sucesso, habilidades e posses. Enquanto a comparação pode ser motivadora e ajudar no autoconhecimento, ela também pode ser prejudicial — quando leva à inveja, à baixa autoestima e a sentimentos de inadequação.

A rejeição provoca um ciclo de comparação constante. Ao passar pela dor da rejeição, a pessoa mede o seu valor em relação aos outros, buscando entender por que foi preterida ou excluída. Essa comparação se manifesta como uma tentativa de encontrar justificativas para a rejeição, levando à atenta observação de qualidades, realizações e características de terceiros.

É quando o indivíduo passa a acreditar que os outros são melhores, mais bem-sucedidos ou mais dignos de aceitação, o que alimenta sentimentos de inadequação e insegurança. Esse hábito de se comparar intensifica a dor da rejeição e isso cria uma espiral negativa de autoavaliação crítica. A pessoa se fixa nas próprias falhas e imperfeições, ignorando as qualidades e conquistas. É uma perspectiva distorcida que impede de desenvolver autoconfiança. E, em vez de focar no crescimento e nos objetivos próprios, o indivíduo gasta toda a energia tentando se equiparar aos outros ou a superá-los, o que pode ser desgastante e infrutífero.

Escapismo

É a tendência de evitar ou fugir da realidade e dos problemas do dia a dia, buscando refúgio em atividades, fantasias ou comportamentos que proporcionam alívio temporário e prazer. Pode manifestar-se de diversas formas, como por meio do uso excessivo de mídia (televisão, filmes, livros e videogames), consumo de substâncias (álcool e drogas), ou envolvimento em atividades recreativas. Embora o escapismo possa oferecer um alívio momentâneo, ele não resolve as questões subjacentes e pode levar a uma desconexão da realidade, o que dificulta o enfrentamento eficaz dos desafios e problemas.

A rejeição é uma experiência profundamente dolorosa, que deixa marcas emocionais difíceis de superar. Como consequência, muitas pessoas recorrem ao escapismo como uma forma de lidar com a dor e evitar enfrentar os sentimentos associados à rejeição.

As formas de escapismo podem proporcionar um alívio momentâneo, mas a evasão constante da realidade tem potencial de levar a uma desconexão crescente dos próprios sentimentos e experiências, e isso dificulta ainda mais o enfrentamento eficaz dos problemas. A pessoa se torna cada vez mais dependente das atividades de fuga para lidar com a dor. Esse ciclo pode resultar em um afastamento de responsabilidades, relacionamentos e objetivos pessoais, o que cria uma vida desequilibrada e insatisfatória.

* * *

Essas são somente algumas das respostas emocionais causadas pela rejeição. Você identificou algumas delas na sua vida?

A pessoa rejeitada sofre de dores latentes, então, para não se sentir rejeitada novamente, pode recorrer a um ou mais desses mecanismos — na maioria das vezes, de maneira inconsciente — como uma defesa. É como se fosse uma máscara atrás da qual se esconde para tentar amenizar a dor.

A rejeição começa de forma sutil. Se olharmos para trás, veremos quantas vezes esse sentimento nos dominou. Principalmente, por meio das palavras ditas, às vezes, até sem que se perceba.

Uma das maiores dores da rejeição surge quando não recebemos amor e proteção de forma natural de

Existe um vazio dentro do ser humano que não tem fim até que seja preenchido por Deus.

Bianca Franco

quem deveríamos esperar. Por exemplo, crianças idealizam a paternidade e a maternidade como seu casulo de amor e proteção e, quando isso não acontece, sentem-se vazias e desprotegidas. Muitas crianças com lares disfuncionais sofrem grandes consequências da rejeição, como desamparo e abandono na adolescência e na fase adulta. Pais com vícios, lares construídos no caos, gritarias, comparação entre irmãos, agressividade e falta de comunhão são só alguns exemplos de como criar indivíduos que crescem traumatizados e que estarão sempre na defensiva, assumindo culpas pelos conflitos e se sentindo ignorados.

A realidade é que existe um vazio dentro do ser humano que não tem fim até que seja preenchido por Deus. Não podemos desejar pais perfeitos, ou esperar que todos acertem conosco. O que precisamos é reparar os danos, perdoar e recomeçar. Costumo chamar todas essas respostas que listamos de "monstros invisíveis", pois parecem não existir, mas, quando não tratados, são um impedimento que se avance e se viva com propósito.

capítulo três

3

DISTORÇÃO DE IMAGEM

propósito
mulheres
vitória

Imagem distorcida é uma percepção incorreta ou exagerada que alguém tem de si mesmo, dos outros ou de uma situação. Essa distorção pode envolver superestimação ou subestimação de características ou circunstâncias, o que leva a crenças e comportamentos prejudiciais. Isso significa que a pessoa pode maximizar ou diminuir a gravidade de uma situação, desconectando-se da proporção real daquilo. Também pode se manifestar como dismorfia, um transtorno psicológico relacionado à falta de percepção da própria imagem, que leva a pessoa a ter um foco obsessivo nas características que considera inadequadas em sua aparência.

As mentiras que contaram sobre sua pessoa escondem sua real identidade, isto é, quem de fato você é. Tomamos consciência dessa realidade por meio do novo nascimento, quando cremos com o coração e confessamos com a boca que Jesus é nosso Senhor e Salvador (cf. Romanos 10.9). Quem é nascido de Deus vence o mundo, e a vitória que vence o mundo é a nossa fé. Quem vence o mundo é aquele que crê que Jesus é verdadeiramente o Filho de Deus.

A partir desse ato de regeneração, começa uma jornada de resgate da identidade do salvo. O foco principal do Inimigo é distorcer a imagem de Deus, à qual a humanidade foi feita. Assim, um dos passos para se livrar da prisão da rejeição é passar a se relacionar intimamente com aquele que cura as feridas da alma. Somente ele pode fazer isso por você, pois nos leva a conhecer quem realmente somos, qual é nossa origem e por que estamos aqui.

Lemos em Gênesis 2.7: "Então o Senhor Deus formou o homem do pó da terra e soprou em suas narinas o fôlego de vida, e o homem se tornou um ser vivente". Você é uma obra de Deus, um milagre gerado pelo sopro dele! O que não existia passou a existir!

Esse versículo nos mostra que, antes de tudo, não existia histórico familiar que pudesse impedir os planos de Deus na vida do ser humano. Pelo sangue de Jesus, não haverá erro familiar que poderá impedir o que ele tem preparado para você!

Deus nos fez à sua imagem e semelhança (Gênesis 1.26-27). Então, por que sofremos tanto quando as pessoas nos rejeitam ou ferem? Porque não fomos formadas para isso, mas, sim, para um relacionamento eterno. Porém, quando o pecado entra em cena, nasce a rejeição.

Adão e Eva eram perfeitos até uma "dúvida" se instalar em sua mente. A serpente agiu como inimiga astuta da mulher, dizendo que ela poderia ser como Deus, para que passasse a não aceitar sua posição. Do mesmo modo, criamos "semideuses" em nossa vida, começamos a adorar outras pessoas e coisas e mudamos o foco. Essa é a obra favorita de Satanás: levar-nos à idolatria, distorcendo verdades. Ele distorce as prioridades e os significados porque, assim, nossos olhos se fecham e conseguimos enxergar só o que nos destrói.

Depois da Queda, precisamos aprender lidar com o sofrimento. Aquele que sabe quem é não se importa em passar pela dor, pois conhece quem está seguindo. Se não sabemos quem somos e para onde vamos, tornamo-nos vulneráveis a qualquer comando. Pode ser que você já conheça a Jesus e tenha anos de ministério, mas, ainda assim, se encontre perdida como uma ovelha sem pastor. É isso que acontece quando nos falta clareza na direção: acabamos sendo "deuses" de nós mesmos, idolatrando nossos planos e vontades.

Precisamos nos livrar de toda distorção de imagem que dá origem a traumas, muros e mecanismos de defesa, a fim de descobrir nossa verdadeira identidade. Temos de aprender a confiar que o caminho que o Senhor tem é mais seguro do que os que nós mesmas criamos. Identifique onde você se perdeu e volte à essência! Escolha, hoje, se encontrar e retomar de onde parou!

Pessoas profundamente afetadas por um núcleo familiar desestruturado ou por relacionamentos destrutivos, tanto com os outros quanto consigo mesmas, muitas vezes não compreendem a essência da vida.

A vitimização
é a maior ladra
de futuros que
já existiu.

Bianca Franco

Viver procurando culpados não é a resposta. Assumir o papel de vítima nem sequer pode ser considerado um posicionamento válido. A vitimização é a maior ladra de futuros que já existiu.

Jeremias 1.5 nos revela três verdades fundamentais para combater a rejeição. Deus disse ao seu profeta: "Antes de formá-lo no ventre eu o escolhi; antes de você nascer, eu o separei e o designei profeta às nações". Se tomarmos as verdades ditas a Jeremias como válidas para nossa vida, podemos compreender que:

1. A identidade não está vinculada à base familiar.
2. A identidade não é definida pelos rótulos que nos atribuíram.
3. A identidade não é estabelecida pela autoimagem.

Devemos nos armar com essas verdades, compreendendo que existem dois tipos de rejeição que agravam nossa percepção de valor: a externa e a interna. A rejeição externa é imposta de fora para dentro, por meio de palavras e atitudes dos outros. Já a interna é autoimposta, alimentada pela distorção da identidade, consequência das rejeições vividas ao longo da vida.

A mais dolorosa de todas, sem dúvida, é a rejeição interna, onde a pessoa não se aceita e cria uma versão distorcida de si mesma, resultando em uma insatisfação crescente por não conseguir acessar a realidade para a qual foi criada. Quantas vezes declarações negativas são feitas sobre si mesma? Esse ato pode estar ocorrendo neste exato momento, mas, se a pessoa soubesse dos reflexos que isso gera em sua psique, pensaria duas vezes antes de proferir palavras tão negativas.

A insatisfação pessoal cria uma prisão em que se vive na busca de um padrão inatingível. Com o passar do tempo, a mente se alimenta cada vez mais dessas palavras, e a crença nelas se fortalece. Se a vida fosse definida pelos resultados das palavras que se diz a si mesma, como seria?

A importância das palavras

É essencial ter cuidado com a direção para a qual a língua pode nos levar. As palavras que se escolhe são caminhos. Elas estão conduzindo para um caminho frutífero ou miserável? Muitas pessoas permitem que palavras negativas dominem sua história. Já Deus deseja que pessoas com distorção da própria imagem mudem a forma de falar sobre si.

Provérbios 12.18 orienta: "Há palavras que ferem como espada, mas a língua dos sábios traz a cura". A essa verdade soma-se Provérbios 21.23: "Quem é cuidadoso no que fala evita muito sofrimento". Precisamos compreender o plano do Senhor para a humanidade, porque isso nos faz compreender o sentido de tudo. Podemos visualizar isso na Bíblia em três eventos principais:

Evento 1: Criação

Lemos em Gênesis 1.27: "Criou Deus, pois, o homem à sua imagem, à imagem de Deus o criou; homem e mulher os criou". Aqui está a primeira revelação: a humanidade é uma criação divina, o plano original do Criador era perfeito.

Evento 2: O engano de Satanás

O Eterno deu apenas uma ordem à humanidade: não comer do fruto. Mas a desobediência, a insatisfação e a curiosidade dominaram o coração humano. Aqui, toda a criação se tornou pecadora e vulnerável às mentiras das trevas (cf. Gênesis 3.1-13).

A boa notícia é que, embora a natureza humana seja caída, Satanás já está condenado. Por ser derrotado, ele age ao derredor, trazendo questionamentos sobre a Palavra de Deus e estabelecendo dúvidas sobre o que o Criador diz acerca da identidade humana.

Será que essas dúvidas não se tornaram verdades na vida das pessoas? Como acreditar em uma Bíblia que foi escrita por homens? O Inimigo questiona, depois contradiz com pensamentos: "Será que Deus realmente disse isso?".

Evento 3: O sacrifício em resgate

Gênesis 3.15 em diante nos apresenta a redenção. Jesus nos deu uma nova vida, obtida pelo sangue derramado na cruz. Aqui começa uma nova trajetória: Cristo veio como um plano de resgate para salvar toda a humanidade. Não se pode aceitar qualquer coisa quando Jesus morreu para estabelecer um relacionamento conosco. Pertencemos a ele, que não mediu esforços para sofrer em nosso lugar.

A verdadeira identidade

Ao compreender essas realidades, devemos, então, nos questionar: "Quem somos?". E a resposta correta e bíblica é: *somos filhos escolhidos, amados e perdoados*. É preciso parar de gastar tempo preocupando-se com a opinião dos outros! Existe alguém que conhece profundamente e deseja restaurar a essência perdida. Veja como Deus nos vê:

> Senhor, tu me sondas e me conheces. Sabes quando me sento e quando me levanto; de longe percebes os meus pensamentos. Sabes muito bem quando trabalho e quando descanso; todos os meus caminhos são bem conhecidos por ti. Antes mesmo que a palavra me chegue à língua, tu já a conheces inteiramente, Senhor. Tu me cercas, por trás e pela frente, e pões a tua mão sobre mim. Tal conhecimento é maravilhoso

> demais e está além do meu alcance; é tão elevado que não o posso atingir. Para onde poderia eu escapar do teu Espírito? Para onde poderia fugir da tua presença? Se eu subir aos céus, lá estás; se eu fizer a minha cama na sepultura, também lá estás. Se eu subir com as asas da alvorada e morar na extremidade do mar, mesmo que eu diga que as trevas me encobrirão, e que a luz se tornará noite ao meu redor, verei que nem as trevas são escuras para ti. A noite brilhará como o dia, pois para ti as trevas são luz. Tu criaste o íntimo do meu ser e me teceste no ventre de minha mãe. Eu te louvo porque me fizeste de modo especial e admirável. Tuas obras são maravilhosas! Digo isso com convicção. Meus ossos não estavam escondidos de ti quando em secreto fui formado e entretecido nas profundezas da terra. Os teus olhos viram o meu embrião; todos os dias determinados para mim foram escritos no teu livro antes de qualquer deles existir. (Salmos 139.1-9, 11-16)

É possível encontrar beleza mesmo em meio às dificuldades e perceber que ninguém passa pelas dores sozinho. É preciso entender que cada dificuldade superada se torna um propósito. Deus permite que passemos por desafios para que nos tornemos um testemunho dele, poderoso para reescrever histórias. Isso é o que ele fez comigo. E, acredite, o Senhor quer usar você. Por isso, especifique em voz alta a sua real identidade, sem distorções de imagem:

Eu tenho valor!
A minha mente
é de Cristo!
Eu não sou um
fracasso!
O meu futuro
está em Deus!
A minha casa
é uma bênção!
Eu sou uma mulher
próspera e o Altíssimo
não abre mão de mim!

Bianca Franco

O inimigo deseja roubar de você sua percepção de valor, mas quem tem autoimagem correta não precisa gastar tempo tentando mudar a visão das pessoas. Você foi comprada por um alto preço e ninguém pode mudar isso: "Vocês foram comprados por alto preço; não se tornem escravos de homens". (1Coríntios 7.23).

Os demônios não resistem a uma mulher posicionada em Cristo, e é isso o que você deve fazer a partir desta leitura. Para vencer as trevas é necessário lançar luz sobre elas. E que luz é essa? "Falando novamente ao povo, Jesus disse: 'Eu sou a luz do mundo. Quem me segue, nunca andará em trevas, mas terá a luz da vida'." (João 8.12).

O inimigo deseja roubar de você sua percepção de valor, mas quem tem autoimagem correta não precisa gastar tempo tentando mudar a visão das pessoas.

Quando Deus disse "haja luz", dissipou-se a escuridão. É hora de se levantar e denunciar as trevas que por muitos anos tentaram paralisar você, crendo firmemente que a rejeição não vai dominá-la.

Creia que você sairá dessa caverna emocional, na qual as feridas do passado a aprisionaram, e encontrará liberdade na aceitação de Deus. Não perca mais tempo, pois o seu Senhor tem pressa para usá-la. E lembre-se de algumas verdades bíblicas que se aplicam à sua vida:

> Vocês, porém, são geração eleita, sacerdócio real, nação santa, povo exclusivo de Deus, para anunciar as grandezas daquele que os chamou das trevas para a sua maravilhosa luz. (1Pedro 2.9)

> Vocês são a luz do mundo. Não se pode esconder uma cidade construída sobre um monte. E, também, ninguém acende uma candeia e a coloca debaixo de uma vasilha. Ao contrário, coloca-a no lugar apropriado, e assim ilumina a todos os que estão na casa. Assim brilhe a luz de vocês diante dos homens, para que vejam as suas boas obras e glorifiquem ao Pai de vocês, que está nos céus. (Mateus 5.14-16)

Uma vez que a escuridão não mais a domina e distorce sua autoimagem, você é luz aonde quer que vá! Não se engane, pensando que ninguém a ama ou aceita. Saia dessa caverna, hoje! Mas, para isso, é preciso tomar uma decisão: você prefere ser uma coadjuvante da própria história ou a protagonista de uma vida próspera e realizada?

O pastor e escritor T. D. Jakes escreveu certa vez que a maneira como você lida com a rejeição determina se você terá sucesso na vida. Para ele, o ponto da rejeição e o lugar onde a sua fé será provada. Jakes considera a rejeição e um detector pelo qual você deve passar para provar que pode pegar o voo em que Deus está preste a colocá-la, até você dominar a sua capacidade de lidar com o "não".

Agora, repita em voz alta, crendo que esta afirmação é real para si: *a rejeição não faz mais parte da minha vida!*

capítulo quatro

4

CURADA E TRANSFORMADA PELO PERDÃO

propósito

mulheres

vitória

Não há nada mais poderoso e libertador do que o perdão, atitude que cura a alma e sara as feridas. Embora o processo até alcançar o perdão seja difícil, porque exige que se quebre o orgulho, o resultado é transformador.

Entenda que não perdoar é como carregar o peso das ofensas por toda a vida. Essa carga é extremamente pesada e não deveria ser suportada. Quantos quilos de excesso você está suportando?

Entenda que não perdoar é como carregar o peso das ofensas por toda a vida.

A verdade é que é possível escolher uma vida mais leve.

Mas por que é tão difícil perdoar quem nos ofendeu? A dificuldade surge porque somos movidos por justiça própria e orgulho e desejamos ver o outro pagar por tudo o que nos fez. No entanto, essa não é a melhor saída. Quem feriu não deve mais nada, mas tem uma pendência com Deus, como lemos na Bíblia: "Agora que já se ouviu tudo, aqui está a conclusão: Tema a Deus e obedeça aos seus mandamentos, porque isso é o essencial para o homem. Pois Deus trará a julgamento tudo o que foi feito, inclusive tudo o que está escondido, seja bom, seja mau" (Eclesiastes 12.13-14); e "Pois estabeleceu um dia em que há de julgar o mundo com justiça, por meio do homem que designou. E deu provas disso a todos, ressuscitando-o dentre os mortos" (Atos 17.31).

Fato é que a justiça não está em nossas mãos e, por isso, devemos entregar o fardo a Jesus, como ele mesmo nos orientou:

> Venham a mim, todos os que estão cansados e sobrecarregados, e eu darei descanso a vocês. Tomem sobre vocês o meu jugo e aprendam de mim, pois sou manso e humilde de coração, e vocês encontrarão descanso para as suas almas. Pois o meu jugo é suave e o meu fardo é leve. (Mateus 11.28-30)

A dor da falta de perdão cansa, pois afeta o físico, o emocional e o mental. Mas Deus deseja levantar mulheres que compreendam que ele traz libertação.

Na natureza caída, somos cheios de falhas e erros. Já parou para pensar em quantas vezes erramos com o Senhor e com os outros? Felizmente, temos a graça agindo em nosso favor:

> Como é feliz aquele que tem suas transgressões perdoadas e seus pecados apagados! Como é feliz aquele a quem o Senhor não atribui culpa e em quem não há hipocrisia! Enquanto eu mantinha escondidos os meus pecados, o meu corpo definhava de tanto gemer. Pois dia e noite a tua mão pesava sobre mim; minhas forças foram-se esgotando como em tempo de seca. Pausa Então reconheci diante de ti o meu pecado e não encobri as minhas culpas. Eu disse: "Confessarei as minhas transgressões ao Senhor", e tu perdoaste a culpa do meu pecado. (Salmos 32.1-5)

Assim como Deus exerceu graça em nossa vida, ele espera que façamos com quem errou conosco o que ele fez por nós. Um dia, erramos com o Senhor, mas Jesus morreu em nosso lugar e perdoou toda a nossa dívida. Portanto, assim como fomos perdoados, precisamos perdoar quem nos feriu.

Muitas vezes, queremos receber perdão, mas temos dificuldade em estendê-lo aos demais, como se disséssemos: "Eu mereço, mas o outro não?". Porém, o que Cristo nos orientou a fazer não foi isso: "E, quando estiverem orando, se tiverem alguma coisa contra alguém, perdoem-no, para que também o Pai celestial perdoe os seus pecados. Mas, se não perdoarem, também o Pai celestial não perdoará os seus pecados" (Marcos 11.25-26).

Jesus já pagou o preço na cruz. Agora, cabe a nós perdoar e seguir em frente. O que os outros fazem contra nós diz respeito a eles. Porém, como reagimos em meio às circunstâncias revela o nível de nossa maturidade, até porque a falta de perdão nos aprisiona, mina nossas forças e nos adoece.

Decida perdoar como José

O perdão é uma decisão. Afinal, a alternativa é permanecer preso na alma ou perdoar e libertar-se desse monstro que cresce interiormente. Não é mais possível ficar paralisado esperando uma ação do outro enquanto se está adoecendo. Não se deve almejar a desgraça de quem a feriu, mas é preciso desejar que essa pessoa encontre Jesus.

Uma das histórias mais marcantes da Bíblia sobre suportar a rejeição e escolher o perdão é a de José:

> Ora, Israel gostava mais de José do que de qualquer outro filho, porque lhe havia nascido em sua velhice; por isso mandou fazer para ele uma túnica longa. Quando os seus irmãos viram que o pai gostava mais dele do que de qualquer outro filho, odiaram-no e não conseguiam falar com ele amigavelmente. [...] "É agora! Vamos matá-lo e jogá-lo num destes poços, e diremos que um animal selvagem o devorou. Veremos então o que será dos seus sonhos." [...] Chegando

> José, seus irmãos lhe arrancaram a túnica longa, agarraram-no e o jogaram no poço, que estava vazio e sem água. (Gênesis 37.3-4, 20, 23-24)

A rejeição pode causar grandes feridas. A história de José revela a raiva de seus irmãos pela preferência do pai, mas também mostra a inspiração de um homem que, mesmo jogado em um poço, não permitiu que essa circunstância definisse sua trajetória.

O poço representa alegoricamente, na vida de José, o maior cenário de rejeição. Existem pessoas que, ao passar pelo poço da rejeição, ficam estagnadas, presas às ofensas e à falta de perdão, prisioneiras de autocomiseração, sentimento de fracasso, autopiedade e amargura.

No entanto, há outro grupo que vê o poço como uma conexão para alcançar o propósito de Deus para sua jornada. Afinal, todo grande sonhador enfrenta desafios no caminho. Esse grupo inclui aqueles que têm facilidade de resolver problemas.

É importante lembrar que somos mais fortes do que imaginamos. Quantos poços já vencemos? Os desafios da rejeição não nos destruirão, a menos que permitamos. Devemos crer que, quando passamos pelas águas, elas não nos submergirão, assim como foi com o povo israelita:

> Mas agora assim diz o Senhor, aquele que o criou, ó Jacó, aquele que o formou, ó Israel: "Não tema, pois

> eu o resgatei; eu o chamei pelo nome; você é meu. Quando você atravessar as águas, eu estarei com você; quando você atravessar os rios, eles não o encobrirão. Quando você andar através do fogo, não se queimará; as chamas não o deixarão em brasas. Pois eu sou o Senhor, o seu Deus, o Santo de Israel, o seu Salvador; dou o Egito como resgate para livrá-lo, a Etiópia e Sebá em troca de você. Visto que você é precioso e honrado à minha vista, e porque eu o amo, darei homens em seu lugar, e nações em troca de sua vida". (Isaías 43.1-4)

Ao passar pelo poço, pelas águas e pelo fogo, conforta-nos saber quem está ao nosso lado durante essas provações. Se José tivesse continuado na posição de vítima, não teria ocupado a cadeira de governo, tornando-se um homem aprovado e validado por Deus. Quando o Senhor quer promover alguém, ele não depende de indicações humanas — não é refém da família nem tem problemas com o passado, mas se preocupa com a mente. Somente quem vence a si mesmo e seus sentimentos é capaz de superar as dores do passado.

O poço prepara para o cumprimento do propósito divino, mas o tempo necessário para chegar lá depende da visão de quem enfrenta os cenários desfavoráveis da vida. A escolha é entre permanecer na posição de rejeitado ou se posicionar como aprovado. José tinha todos os motivos para odiar seus irmãos e

Se José tivesse
continuado na
posição de vítima,
não teria ocupado a
cadeira de governo,
tornando-se um
homem aprovado e
validado por Deus.

Bianca Franco

buscar vingança. No entanto, ele entendeu que a rejeição do poço foi a maior ferramenta de impulso para a longa trajetória que enfrentaria até cumprir o propósito de Deus. Quem tem essa perspectiva não culpa quem o feriu, mas é grato por ter sido impulsionado rumo à efetivação da vontade do Senhor. José provou compreender isso, quando disse aos irmãos:

> Assim, não foram vocês que me mandaram para cá, mas sim o próprio Deus. Ele me tornou ministro do faraó, e me fez administrador de todo o palácio e governador de todo o Egito. Voltem depressa a meu pai e digam-lhe: Assim diz o seu filho José: "Deus me fez senhor de todo o Egito. Vem para cá, não te demores". (Gênesis 45.8-9)

José não era obstinado em encontrar culpados ou buscar vingança. Ele compreendeu que o seu Criador permitiu que ele passasse pela rejeição para acessar a posição que o aguardava. O mais admirável nessa história é a honra e a humildade que José demonstrou ao cumprir o plano divino. Bem resolvido, soube perdoar e entendeu que tudo fazia parte do propósito do Senhor.

Muitas mulheres precisam perdoar sua família. Essa é uma capacidade que se deve exercitar. A falta de perdão é o maior impedimento para transformar o caminho para o cumprimento dos propósitos de Deus de algo pedregoso e demorado em suave e rápido. Esse sentimento tem como fundamento a destruição e pode levar ao desenvolvimento de doenças psicossomáticas.

É surpreendente a quantidade de pessoas que apresentam comportamentos perturbadores devido a essa muralha de ressentimento — que precisa ser derrubada. Quanto mais a pessoa se esconde atrás do orgulho, mais ele trará perturbação.

Há liberdade no fato de que Deus já não se lembra mais do passado. Como está escrito: "Sou eu, eu mesmo, aquele que apaga suas transgressões, por amor de mim, e que não se lembra mais de seus pecados" (Isaías 43.25).

Do mesmo modo, é libertador compreender que o perdão não ocorre quando se "sente vontade" de perdoar. Não se sentirá, pois perdoar é difícil. No entanto, decide-se perdoar porque se deseja avançar e chegar o mais rápida e suavemente possível ao destino que Deus traçou para cada uma de nós.

O Senhor sempre tem um caminho melhor do que o nosso. Pode ser que a estrada não seja tão bonita, e que nela haja desafios e perigos, mas, se foi o Criador que a estabeleceu, é a caminhada mais segura de toda a vida.

Suporte as ofensas sem revidar

Após o perdão, a mulher que foi rejeitada começa a jornada de reconstrução. No entanto, isso não significa que as batalhas cessarão. Haverá momentos em que você será testada e confrontada nas mesmas áreas em que já venceu ou está tentando vencer. Porém, agora, com maior entendimento, creia que será capaz de superar a si mesma.

A verdade é que o Diabo odeia quem suporta sem revidar. Muitas vezes, as pessoas não compreendem como alguém pode mudar tanto. No entanto, a verdadeira questão deveria ser: como é possível alguém ser tocado por Deus e permanecer o mesmo? Não é a religião que transforma uma pessoa, mas o encontro com Cristo. Basta um toque divino e brota a disposição genuína para que as mudanças aconteçam.

Essas transformações fazem parte de ser uma nova criatura. No entanto, o medo do novo, do desconhecido, de ser abandonada novamente ou de ficar sozinha pode surgir. Após uma vida de renúncias, muitas pessoas não estão preparadas para ver quem rompe com o passado. Por isso, é essencial aprender a lidar com as ofensas.

As mudanças ocorrem em etapas, e é necessário ser gentil consigo mesma, compreendendo que se está em um processo de preenchimento pelo verdadeiro amor. A sensação de rejeição pode tentar retornar, pois o Inimigo nunca cessa em sua tentativa de levar os indivíduos de volta ao lugar de escravidão. Ele usará pessoas que já a feriram para lançar sementes de dúvida, o que é um teste para você saber até onde consegue suportar sem revidar.

Como esse processo é uma batalha, é essencial aprender a manejar as armas certas para vencer diariamente. Elas não são utilizadas contra pessoas, mas contra principados e potestades da maldade. Portanto, não se deve perder tempo guerreando com armas terrenas, pois isso só trará cansaço. Entenda que a Serpente pode persegui-la, mas saiba que ela está debaixo dos seus pés pela autoridade no nome de Jesus.

Aqueles que foram rejeitados têm dificuldade em lidar com o confronto e em compreender a submissão. No entanto, é possível vencer sem revidar. Algumas lutas exigem silêncio. O Diabo usa armadilhas antigas para vencê-la pelo cansaço, até que, ao se distrair, percebe que está voltando à estaca zero. Contudo, lembre-se de que Deus está ao seu lado. O passado e as dificuldades se tornam insignificantes diante da nova história que Cristo reescreve ao transformá-la em uma nova criatura.

Com Jesus, somos levadas a viver uma nova trajetória. Talvez muitos questionem ou não compreendam, afinal, nunca se permitiram mudar. Suporte as críticas e não revide com gritos ou tentando, a todo custo, ter razão. Vença no silêncio.

Nessa jornada, é necessário aprender a viver o fruto do Espírito:

> Mas o fruto do Espírito é amor, alegria, paz, paciência, amabilidade, bondade, fidelidade, mansidão e

> domínio próprio. Contra essas coisas não há lei. Os que pertencem a Cristo Jesus crucificaram a carne, com as suas paixões e os seus desejos. Se vivemos pelo Espírito, andemos também pelo Espírito. Não sejamos presunçosos, provocando uns aos outros e tendo inveja uns dos outros. (Gálatas 5.22-26)

Uma das questões mais difíceis com relação à rejeição é aprender a lidar com as ofensas sem revidar dentro da própria casa. O casamento é uma aliança estabelecida por Deus, porém, nunca se viu um número tão crescente de divórcios por conta de ofensas não solucionadas.

As forças espirituais das trevas desejam destruir a sua família. No entanto, em muitos momentos, os problemas não vêm por ação dos demônios, mas, sim, da sua falta de sabedoria para aprender a escutar sem revidar. Quando isso ocorre é porque você não se permitiu ser curada pela Palavra de Deus dos monstros invisíveis da rejeição.

Em muitos momentos, os problemas não vêm por ação dos demônios, mas, sim, da...

Como mulheres, precisamos nos controlar e deixar o homem tomar o seu lugar de governo — papel que está sendo assumidos por muitas mulheres, resolutas por natureza. Você vai desfrutar a vida abundante quando praticar a Escrituras a seu favor. Com isso, aprenderá a ser amada, cuidada e protegida. Os homens precisam que as mulheres abaixem as rédeas e se ponham na retaguarda e não na frente. Afinal, essa armadura não e sua.

Quando as ofensas retornarem, lembre-se de que existe um lugar seguro, isto é, salvo, livre de perigo, garantido, abrigado, protegido, estável, inabalável, inviolável. E esse lugar é uma pessoa, como escreveu Davi:

> Tu és o meu abrigo e o meu escudo; na tua palavra depositei a minha esperança. Afastem-se de mim os que praticam o mal! Quero obedecer aos mandamentos do meu Deus! Sustenta-me, segundo a tua promessa, e eu viverei; não permitas que se frustrem as minhas esperanças. Ampara-me, e estarei seguro;

...sua falta de sabedoria para aprender a escutar sem revidar.

> sempre estarei atento aos teus decretos. (Salmos 119.114-117)

Em outras versões, o Senhor é o lugar onde me escondo. Qual tem sido o seu esconderijo? Espero que aquele que o salmista especificou: "Aquele que habita no abrigo do Altíssimo e descansa à sombra do Todo-poderoso pode dizer ao Senhor: 'Tu és o meu refúgio e a minha fortaleza, o meu Deus, em quem confio'." (Salmos 91.1-2).

Infelizmente, muitas mulheres tentam se refugiar em relacionamentos, no trabalho ou nas tarefas do dia a dia. Estão viciadas em ser rejeitadas, em ouvir ofensas e em ser desrespeitadas, pois não conseguem se libertar dessa dependência escravizante. Você precisa se perguntar: de quem você depende? O que a faz sentir-se segura? Deus está ensinando que, se sua dependência está nele, você estará livre dos danos e das dores que um dia a aprisionaram.

Vestimentas da escravidão

É impossível falar com mulheres sem mencionar a importância da vestimenta, pois ela revela muito sobre quem somos. Quem trabalha com moda entende essa realidade. Assim como existem roupas adequadas para cada estação, também há mudanças para cada novo tempo. Algumas mulheres precisam se livrar da vestimenta da escravidão. A moda nos influencia, e há uma agenda progressista que distorce o verdadeiro significado da decência e da imagem da mulher.

O radicalismo feminista de certa forma manipula, dizendo que a mulher pode ser e fazer o que quiser, afinal, "meu corpo, minhas regras". Porém, não é isso o que diz a Palavra de Deus: "Da mesma forma, quero que as mulheres se vistam modestamente, com decência e discrição, não se adornando com tranças e com ouro, nem com pérolas ou com roupas caras, mas com boas obras, como convém a mulheres que declaram adorar a Deus". (1Timóteo 2.9-10).

No Éden, a roupa foi feita para cobrir a vergonha após a queda, apontando para Cristo ao demonstrar a necessidade do derramamento de sangue para a solução dos pecados: "O Senhor Deus fez roupas de pele e com elas vestiu Adão e sua mulher". (Gênesis 3.21). Isso deixa claro que a vestimenta tem um propósito, mas algumas mulheres a utilizam como uma ferramenta que as leva à vergonha exposta. Pergunte-se, à luz da Bíblia: com qual motivação nos vestimos?

Posso falar com propriedade sobre isso, pois, durante muitos anos, utilizei a vestimenta da escravidão: quanto mais curta, eu cria, mais aceita. Só eu sei as feridas que me causaram andar como alguém que era vista e desejada apenas pelo corpo, mas não compreendida pela alma. Às vezes, revida-se a rejeição com a exposição. No entanto, será possível suportar a

É necessário resgatar a pureza e a santidade de Deus em nós!

Bianca Franco

pressão de sustentar essa imagem até o fim? Acredite, você é mais interessante do que suas roupas.

Os olhos e ouvidos precisam estar atentos à sutileza e à pureza do céu. Ao mesmo tempo, há mulheres decentes nas vestimentas, mas impuras no coração. Compreenda que, de alguma forma, esse excesso será revelado. É necessário resgatar a pureza e a santidade de Deus em nós, o que ele é capaz de fazer. Tanto que Davi orou: "Purifica-me com hissopo, e ficarei puro; lava-me, e mais branco do que a neve serei" (Salmos 51.7).

O Todo-Poderoso deseja lavá-la dos excessos e purificá-la de toda carnalidade. E, uma vez regenerada e purificada, sua vida e seu comportamento precisam corresponder à transformação, pois quem um dia foi rejeitado agora deve ser aprovado por Deus.

Eu sempre digo que a vestimenta comunica. Como evangelista, você acha que essa mensagem está sendo bem representada? Não falo sobre valor ou marca, mas, sim, sobre adoração. Ao se vestir, você não deve ter problemas ao se olhar no espelho, pois seu reflexo sempre deve glorificar a Deus.

capítulo cinco

5

DESAFIANDO GIGANTES PELO PODER DO SANGUE DE CRISTO

propósito
mulheres
vitória

Deus está convocando mulheres a se posicionarem diante de desafios gigantes. A forma como cada uma se posiciona diante dos problemas define as condições para a vitória. Não é a posição em que se está, mas o posicionamento correto que faz a diferença. Assim como Davi, que não estava em uma posição favorável, mas se posicionou corretamente, é preciso lembrar que não importa o quão pequena ou despreparada alguém possa se sentir; o que importa é estar onde o Senhor determinou.

Não é a posição em que se está, mas o posicionamento correto que faz a diferença.

Davi foi rejeitado, mas isso não o impediu de cumprir os propósitos divinos em sua vida. Em muitos momentos, nos sentimos pequenas ou incapazes, mas Deus vê além da aparência e nos prepara para enfrentar gigantes. Assim como aquele rapaz enfrentou Golias com as ferramentas que conhecia, é essencial reconhecer os recursos que o Senhor pôs em nossas mãos. Não é a habilidade com que lutamos, mas quem luta ao nosso lado. Em Cristo, temos a vitória, pois nele ocupamos uma posição acima de todos os principados e potestades do mal.

Essa vitória não seria possível sem o poder do sangue de Jesus, que nos liberta e nos dá uma nova identidade. O passado pode ter sido marcado por rejeição e dor, mas o sangue do Cordeiro remove essa antiga identidade e nos concede acesso a uma nova vida. No Antigo Testamento, o sangue era essencial para a purificação dos pecados, mas o sacrifício de Cristo é único, pois oferece perdão pleno e comunhão com Deus, além de purificar nossa consciência e nos resgatar das trevas, quebrando todas maldições e rejeições.

Portanto, desafie os gigantes e confie no poder do sangue de Jesus. As promessas dele são verdadeiras, e ele é fiel para cumpri-las em sua vida. Veremos a seguir mais detalhadamente o que envolve essa verdade.

Gigantes no caminho

Na época em que era um jovem pastorzinho dos rebanhos de seu pai, Davi não estava em uma posição favorável para assumir o trono de Israel. No entanto, ele se posicionou corretamente. A Bíblia relata o episódio em que Deus convoca seu profeta para ungir aquele que se tornaria o líder terreno de seu povo:

> O Senhor disse a Samuel: "Até quando você irá se entristecer por causa de Saul? Eu o rejeitei como rei de Israel. Encha o seu jarro com óleo e vá a Belém; eu o enviarei a Jessé. Escolhi um dos filhos dele para fazê-lo rei". Samuel, porém, disse: "Como poderei ir? Saul saberá disto e me matará". O Senhor disse: "Leve um novilho com você e diga que foi sacrificar ao Senhor. Convide Jessé para o sacrifício, e eu mostrarei a você o que fazer. Você ungirá para mim aquele que eu indicar". (1Samuel 16.1-3)

Mesmo que você se sinta desfavorecida, pequena, incapaz ou despreparada, isso não altera o que Deus determinou. Muitas vezes, acreditamos que os mais fortes são os beneficiados ou que a batalha já está perdida para os que hoje se sentem rejeitados. Contudo, o Senhor não se impressiona com a aparência.

Samuel olhou para o guerreiro Eliabe e pensou que ele seria o escolhido, afinal, ele era o mais forte. No entanto, Deus não opera com base no exterior, mas a partir do interior, como a sequência do texto deixa claro:

> Quando chegaram, Samuel viu Eliabe e pensou: "Com certeza, é este que o Senhor quer ungir". O Senhor,

> contudo, disse a Samuel: "Não considere a sua aparência nem a sua altura, pois eu o rejeitei. O Senhor não vê como o homem: o homem vê a aparência, mas o Senhor vê o coração". (1Samuel 16.6-7)

Davi havia sido rejeitado e esquecido por seu pai, que nem ao menos o convocou para o encontro com Samuel, mas isso não impediu Deus de cumprir seu propósito. Isso é um recado claro para a mulher que se sente pequena, esquecida ou desacreditada até por pessoas da própria casa. Fique tranquila, pois o Senhor manda chamar os seus e os põe na posição que ele deseja. Existem mesas para as quais não se será convidada, mas convocada. Os irmãos de Davi foram chamados, mas rejeitados por Deus. O futuro rei de Israel, por sua vez, não foi convidado, mas foi convocado e alistado. Quando o Senhor tem uma posição para alguém, a aparente "pequenez" não será um impedimento.

Mesmo que se sinta pequena, é possível que você esteja sendo preparada para enfrentar gigantes, pois o Senhor sabe os ursos e leões que você vem enfrentando no secreto. O Todo-Poderoso não opera com força, mas com guerreiros que têm o coração no lugar certo. Muitas poderão dizer que não há condições de assumir as posições para as quais Deus as está chamando, mas é preciso lembrar das batalhas vencidas no secreto. O mesmo Senhor que livrou no passado é o mesmo que sustentará quando todos estiverem ao redor. O exemplo de Davi é claro sobre isso, como vemos no episódio em que ele se ofereceu para lutar contra o gigante filisteu Golias:

> Saul respondeu: "Você não tem condições de lutar contra esse filisteu; você é apenas um rapaz, e ele é um guerreiro desde a sua juventude". Davi, entretanto, disse a Saul: "Eu, o teu servo, apascentava as ovelhas do meu pai; quando vinha um leão ou um urso e levava uma ovelha do rebanho, eu saía atrás dele, o feria e livrava a ovelha da sua boca. Quando ele se levantava contra mim, eu o segurava pela juba e lhe dava golpes até matá-lo. O teu servo pôde matar um leão e um urso; esse filisteu incircunciso será como um deles, pois desafiou os exércitos do Deus vivo." Davi concluiu: "O Senhor que me livrou das garras do leão e das garras do urso me livrará das mãos desse filisteu". Diante disso, Saul disse a Davi: "Vá, e que o Senhor esteja com você". (1Samuel 17.33-37)

Davi sabia de que o Altíssimo o havia resgatado e livrado. Do mesmo modo, você precisa começar a se lembrar de que o Todo-Poderoso já a livrou. Golias apavorava os mais fortes, mas não intimidava aquele homem segundo o coração de Deus. Pequeno, mas ousado, Davi via as dificuldades pela perspectiva divina. Ele enxergava realidades espirituais e os recursos que ninguém mais via. O gigante, para o pastorzinho, se tornou pequeno, pois ele conhecia bem o comandante do exército. Como você tem encarado as rejeições em sua vida?

Nesse sentido, você precisa entender que *a ferramenta certa é essencial em uma batalha*, como vemos no exemplo daquele confronto:

> Saul vestiu Davi com a sua própria túnica, colocou nele uma armadura e lhe pôs um capacete de bronze na cabeça. Davi prendeu a espada sobre a túnica e tentou andar, porque não estava acostumado com aquilo. Ele disse a Saul: "Não consigo andar com isto, pois não estou acostumado". Então, tirou tudo aquilo. Em seguida, pegou o seu cajado, escolheu no riacho cinco pedras lisas e colocou-as na bolsa, isto é, no seu alforje de pastor; com a sua funda na mão, aproximou-se do filisteu. (1Samuel 17.38-40)

Entenda esta realidade poderosa: Deus não descarta as ferramentas que estão à disposição. Talvez os recursos, planos e métodos dos outros não sirvam, porém, o poder não está no modo de agir, mas em quem age. Davi trabalhou com o que conhecia e o que estava em suas mãos. Lembre-se de que o Senhor perguntou a Moisés no Sinai o que estava em sua mão (cf. Êxodo 4.2) e usou aquele cajado de maneira sobrenatural.

Diante dessa realidade, vale a pena perguntar: o que está em nossas mãos? Quais são nossos pontos fortes? O que já fazemos bem? Perceba que aquilo que se ama fazer pode ser utilizado para cumprir o propósito divino. Não se deve usar uma armadura que não serve; é preciso usar a ferramenta certa que o Todo-Poderoso nos deu. Talvez não faça sentido enfrentar um gigante tão grande com algo aparentemente simples — afinal, as pessoas podem julgar e zombar, mas não se intimide. Debaixo do poder de Deus, uma pedrinha é uma arma grandiosa.

É importante que esteja totalmente claro para você: não é a habilidade com a qual se luta que verdadeiramente importa, mas *quem luta ao seu ao lado*. Afinal, não é necessário potencializar o adversário, pois em Cristo ele já está derrotado. É preciso ter a consciência de que, em Jesus, a posição ocupada está acima de principados, potestades e dominadores, como o apóstolo Paulo escreveu.

> Ele exerceu esse poder em Cristo, ressuscitando-o dentre os mortos e fazendo-o sentar à sua direita nas regiões celestiais, acima de todo principado, potestade, poder, domínio e de todo nome que se possa mencionar, não só no presente século, mas também no vindouro. (Efésios 1.20-21)

A questão é: há fé para enxergar esse gigante de uma maneira diferente? A certeza dessa posição em Cristo está fundamentada em uma obra que transcende a lógica humana: o sacrifício de Jesus. Não apenas sua vitória sobre os poderes espirituais, mas o

Não é a habilidade com a qual se luta que verdadeiramente importa, mas *quem luta ao seu lado.*

Bianca Franco

preço que ele pagou com o próprio sangue nos garante essa posição elevada e segura. É pelo poder do sangue de Cristo que somos transportados das trevas para a luz, recebendo uma nova identidade e sendo redimidos de nossos pecados, como veremos a seguir.

Há poder no sangue de Jesus

O passado não pode ser mudado, mas Jesus pode apagá-lo com o seu sangue, que remove a antiga identidade e nos dá acesso a uma nova vida. Há poder no precioso sangue de Cristo, que liberta de qualquer corrente e abre caminho para uma nova realidade.

O sacrifício de Jesus é único, pois oferecendo perdão dos pecados e plena comunhão com o Criador. Como lemos em 1João 1.7: "Se, porém, andarmos na luz, como ele está na luz, mantemos comunhão uns com os outros, e o sangue de Jesus, Seu Filho, nos purifica de todo pecado".

No Antigo Testamento, o sangue era essencial para a purificação após a desobediência. Conforme a Lei, quase tudo era purificado com sangue, e sem derramamento de sangue não havia perdão (cf. Hebreus 9.22). Sacrifícios de cordeiros e outros animais eram realizados pelo sacerdote, sendo o sangue considerado essencial para expiar a culpa do pecado do povo. Como está escrito em Levítico 17.11, a vida está no sangue. Porém, esses sacrifícios não eram definitivos.

Cristo, ao vir como sumo sacerdote dos benefícios presentes, adentrou o maior e mais perfeito tabernáculo, não feito por mãos humanas, e entrou no Santo dos Santos de uma vez por todas, não por meio do sangue de bodes e novilhos, mas pelo próprio sangue, obtendo eterna redenção (cf. Hebreus 9.11-12). Se o sangue de animais purificava exteriormente, quanto mais o de Jesus, que se ofereceu ao Pai pelo Espírito eterno, purifica a consciência de atos que conduzem à morte, para que possamos servir ao Deus vivo (cf. Hebreus 9.13-14). Por isso, o Filho é o mediador de uma nova aliança, que garante herança eterna para aqueles que são chamados pela graça para a salvação (cf. Hebreus 9.15). Uma vez que Cristo é o Cordeiro definitivo, somos resgatados das trevas pelo poder do seu sangue e não há maldição que afete aqueles que são marcados por ele.

Creia que o sangue de Jesus, derramado na cruz do Calvário por você, tomou sobre si toda maldição e, uma vez que você o recebeu como seu Senhor e Salvador, não existe mais nenhuma maldição sobre sua vida, sua casa e sua família. Biblicamente, não há maldição alguma na vida de alguém que foi salvo por Jesus. Amém?

É essencial valorizar o que o Messias derramou na cruz em resgate de nossa vida. Afinal, o Todo-Poderoso nos viu quando ninguém mais via e nos aceitou quando ainda não éramos ninguém. Ele entende as dores e limitações, e nos livra da condenação que nos impede de viver de forma digna. Como Paulo declara em Romanos 8.1-4: "Portanto, agora já não há condenação para os que estão em Cristo Jesus, porque, em Cristo Jesus, a lei do Espírito da vida libertou você da lei do pecado e da morte".

Biblicamente, não há maldição alguma na vida de alguém que foi salvo por Jesus.

Bianca Franco

Entenda que o sacrifício de animais, conforme a Lei, não poderia purificar a consciência, e por isso era repetido. Obras mortas, atitudes e escolhas erradas que produzem morte pesavam na consciência. Mas Cristo se entregou voluntariamente, diferente dos animais que eram sacrificados contra a vontade. Ele é a oferta perfeita, que purifica a nossa consciência para que possamos servir ao Deus vivo.

Além disso, Jesus é o mediador de uma nova aliança e garante a herança eterna para os que são chamados, pois morreu como resgate pelas transgressões cometidas sob a primeira aliança (Hebreus 9.15). Enquanto a morte aparece para cobrar a alma do pecador, Cristo surge como Salvador para resgatá-la. Pelo sangue do Cordeiro, toda maldição é quebrada, toda rejeição é anulada e cenários impossíveis se tornam favoráveis a milagres.

É essencial sair do ciclo vicioso de rejeição, sofrimento e morte e abraçar um ciclo de posicionamento, identidade e liberdade que conduza a propósito, constância e frutos. Em que ciclo você se encontra? É necessário aprender a respeitar os processos, pois, nesse caminho de transformação nas mãos do Oleiro, você se torna uma pessoa experimentada e preparada para o tempo presente. E lembre-se de que, assim como o oleiro refaz o vaso que se estragou em suas mãos, Deus pode moldar nossa vida conforme a sua vontade (cf. Jeremias 18.1-6).

Assim como é essencial valorizar o sacrifício de Cristo, que nos livra da condenação e nos conduz a uma nova aliança de vida e liberdade, também é crucial assumirmos o nosso lugar na promessa que Deus nos deu. O sacrifício de Jesus não apenas quebra maldições e nos livra da rejeição, mas também nos convida a assumir a nossa identidade e nosso propósito no plano do Senhor. Quando entendemos e aceitamos essa verdade, podemos, com confiança, ocupar o lugar que nos foi destinado pelo imutável propósito divino. É o que veremos a seguir.

capítulo seis

6

ASSUMA O LUGAR DA PROMESSA

propósito
mulheres
vitória

Assumir o lugar da promessa que Deus tem para cada um de nós é um ato de fé que requer não apenas coragem, mas também a disposição de desejar que ele nos use. Enquanto o processo de caminhar em direção àquilo que o Senhor prometeu pode trazer desafios e resistências, é importante lembrar que ele escolhe e capacita mesmo aqueles que se sentem fracos ou inadequados. Assim como Abraão foi chamado a confiar no Criador para entrar na terra prometida, cada um de nós é chamado a confiar que, mesmo em nossas limitações, o Eterno pode nos usar poderosamente para cumprir seus propósitos.

O termo "assumir" significa contrair, encarregar-se, aceitar, atingir. Em outras palavras, é abraçar o propósito que Deus tem para cada um. Como ninguém pode impedir o agir do Senhor (cf. Is 43.13) e nenhum dos planos dele pode ser frustrado (cf. Jó 42.2), de um modo ou de outro ele realizará aquilo que planejou para a sua vida. Claro que o Inimigo pode atrapalhar o processo, gerando sofrimento e frustração caso você não assuma a promessa na hora adequada, mas é preciso ter em mente que nada nem ninguém tem a capacidade de alterar o que o Todo-Poderoso prometeu fazer.

As Escrituras afirmam: "De todas as boas promessas do Senhor à nação de Israel, nenhuma delas falhou; todas se cumpriram" (Josué 21.45). Os cativeiros que roubam o que lhe pertence por promessa divina caem por terra, pois não há mais escravidão. É preciso compreender que Satanás não tem poder nem autoridade de tomar o que Deus planejou realizar em sua vida. Por isso, enquanto a promessa não se concretizar, é essencial posicionar-se com firmeza e crer nela (assumi-la, em outras palavras).

É importante entender que enquanto não houver um posicionamento, não haverá incômodo. Uma vida dominada por outros não enfrentará batalhas, mas, ao assumir o lugar que o Senhor tem para você, haverá resistência. No entanto, desistir das promessas do seu Criador não é uma opção.

Enquanto não houver um posicionamento, não haverá incômodo.

Há um lugar que não lhe cabe mais

Veja o exemplo de Abraão. Independentemente das circunstâncias, ele carregava uma promessa que o impulsionava a deixar para trás o lugar que já não lhe cabia mais. O chamado de Abraão foi para sair da zona de conforto.

> Então o Senhor disse a Abrão: "Saia da sua terra, do meio dos seus parentes e da casa de seu pai, e vá para a terra que eu lhe mostrarei. Farei de você um grande povo, e o abençoarei. Tornarei famoso o seu nome, e você será uma bênção. Abençoarei os que o abençoarem, e amaldiçoarei os que o amaldiçoarem; e por meio de você todos os povos da terra serão abençoados". Partiu Abrão, como lhe ordenara o Senhor, e Ló foi com ele. Abrão tinha setenta e cinco anos quando saiu de Harã. (Gênesis 12.1-4)

Do mesmo modo que foi na vida de Abraão, se algum lugar não lhe cabe mais, é hora de abandoná-lo. Entenda que, sim, Deus muda circunstâncias na vida de cada um para que assuma o lugar da promessa. O Senhor deseja que você se torne mais forte, mergulhe mais fundo e cresça em intimidade com ele. Esse processo de maturidade envolve ser retirado de lugares de conforto para ingressar em situações de desconforto.

Existem mesas e lugares que não fazem parte da sua nova estação. Você precisará de coragem para se posicionar e mudar de posição, pois creio que renúncias, quando feitas segundo a vontade de Deus, ajudam na construção de um novo destino.

Muitas mulheres precisam sair do poço, se pôr em pé e não esperar alguém que as resgatem. Entenda: o resgatador já está aí! Percebo uma dependência emocional de pessoas que esperam resgatadores, mas a dependência deve ser totalmente de Deus. Chegou o tempo de confiar nele, parar de se frustrar com os resgatadores que não chegaram ou a decepcionaram, e entender: o seu resgate é a cruz!

O lugar da falta de fé, baixa autoestima, palavras negativas, sentimento de derrota e autocomiseração não lhe cabe mais. Saia desse lugar! Não se perca nos mesmo erros! Não se entregue às murmurações! Não aceite pouco! Não erre em coisas óbvias.

Levanta a sua cabeça e abrace o seu resgate!

Não sepulte a promessa no túmulo do desespero

Além disso, é importante saber esperar o tempo certo. Veja o que ocorreu com Abraão pelo fato de ele e sua esposa, Sara, não terem esperado o tempo da promessa. Existe uma diferença entre a palavra liberada e o cumprimento dela. Sarai sepultou a promessa por conta do desespero, entregando sua serva Hagar para gerar um filho em seu lugar.

> Ora, Sarai, mulher de Abrão, não lhe dera nenhum filho. Como tinha uma serva egípcia, chamada Hagar, disse a Abrão: "Já que o Senhor me impediu de ter filhos, possua a minha serva; talvez eu possa formar família por meio dela". Abrão atendeu à proposta de Sarai. Quando isso aconteceu já fazia dez anos que Abrão, seu marido, vivia em Canaã. Foi nessa ocasião que Sarai, sua mulher, entregou sua serva egípcia Hagar a Abrão. Ele possuiu Hagar, e ela engravidou. Quando se viu grávida, começou a olhar com desprezo para a sua senhora. Então Sarai disse a Abrão: "Caia sobre você a afronta que venho sofrendo. Coloquei minha serva em seus braços, e agora que ela sabe que engravidou, despreza-me. Que o Senhor seja o juiz entre mim e você". Respondeu Abrão a Sarai: "Sua serva está em suas mãos. Faça com ela o que achar melhor". Então Sarai tanto maltratou Hagar que esta acabou fugindo. (Gênesis 16.1-6)

Ismael foi fruto de decisões erradas, mas Deus não o abandonou. Afinal, o erro não altera a promessa. Essa passagem mostra que algumas situações podem parecer um atraso, mas são, na verdade, livramentos do Senhor. Quando isso ocorre, entenda que ele está dizendo: "Ei, só guarde a minha aliança".

Nós nos perdemos quando querendo dar um jeitinho para diminuir o tempo da espera. Se o Eterno prometeu, ele é fiel para cumprir!

Eu garanto que esperar é melhor do que se machucar. A hora certa chegaria com o nascimento de Isaque, mas Abraão e Sara não souberam aguardar o tempo do Senhor. Não faça o que Deus não a instruiu a fazer, caso contrário, você terá de suportar o peso da consciência e das consequências. Sara teve de lidar com a pressão de ver outra gerando na sua frente.

Esperar o tempo do Altíssimo talvez seja a decisão mais difícil da sua vida, mas será a que lhe trará mais recompensas. Talvez demore, mas saiba que o importante não é a quantidade de filhos, mas quem você está gerando.

Deus muda aspectos de sua vida para mostrar que ele não tem dificuldade de recomeçar

Para o Senhor, o passado não impede a realização do futuro. No entanto, é necessário deixar uma marca que mostre que você não se será lembrada pelo que foi antes. Veja como ele tratou dessa questão com Abraão:

> Quando Abrão estava com noventa e nove anos de idade o Senhor lhe apareceu e disse: "Eu sou o Deus Todo-poderoso; ande segundo a minha vontade e seja íntegro. Estabelecerei a minha aliança entre mim e você e multiplicarei muitíssimo a sua descendência". Abrão prostrou-se, rosto em terra, e Deus lhe disse: "De minha parte, esta é a minha aliança com você. Você será o pai de muitas nações. Não será mais chamado Abrão; seu nome será Abraão, porque

> eu o constituí pai de muitas nações. Eu o tornarei extremamente prolífero; de você farei nações e de você procederão reis. Estabelecerei a minha aliança como aliança eterna entre mim e você e os seus futuros descendentes, para ser o seu Deus e o Deus dos seus descendentes. Toda a terra de Canaã, onde agora você é estrangeiro, darei como propriedade perpétua a você e a seus descendentes; e serei o Deus deles. De sua parte", disse Deus a Abraão, "guarde a minha aliança, tanto você como os seus futuros descendentes. (Gênesis 17.1-9)

Perceba que Deus não se importa com o nome ou com a família de origem. Ele tem compromisso em cumprir aquilo que determinou para a vida de cada um. Para assumir o lugar da promessa, é preciso sair da terra com outra mentalidade. Foi por isso que o Todo-Poderoso mudou o nome de Abrão para Abraão, pois ele não poderia acessar a promessa da mesma forma.

A obediência eleva o nível

Para quem saiu do lugar inicial sem saber qual seria o passo seguinte e sem olhar para trás, é preciso fé para suportar o processo. Aquele que tem fé para crer também terá respaldo para viver a promessa. É necessário assumir o lugar da promessa. Nenhum outro episódio da vida de Abraão demonstra mais essa realidade do que o do sacrifício de Isaque, pois, por crer na promessa relacionada à sua descendência, o patriarca não hesitou ao receber a ordem para matar o próprio filho. Veja o resultado da obediência:

> Quando chegaram ao lugar que Deus lhe havia indicado, Abraão construiu um altar e sobre ele arrumou a lenha. Amarrou seu filho Isaque e o colocou sobre o altar, em cima da lenha. Então estendeu a mão e pegou a faca para sacrificar seu filho. Mas o Anjo do Senhor o chamou do céu: "Abraão! Abraão!" "Eis-me aqui", respondeu ele. "Não toque no rapaz", disse o Anjo. "Não lhe faça nada. Agora sei que você teme a Deus, porque não me negou seu filho, o seu único filho." Abraão ergueu os olhos e viu um carneiro preso pelos chifres num arbusto. Foi lá, pegou-o e sacrificou-o como holocausto em lugar de seu filho. Abraão deu àquele lugar o nome de "O Senhor proverá". Por isso até hoje se diz: "No monte do Senhor se proverá". Pela segunda vez o Anjo do Senhor chamou do céu a Abraão e disse: "Juro por mim mesmo", declara o Senhor, "que por ter feito o que fez, não me negando seu filho, o seu único filho, esteja certo de que o abençoarei e farei seus descendentes tão numerosos como as estrelas do céu e como a areia das praias do mar. Sua descendência conquistará as cidades dos que lhe forem inimigos e, por meio dela, todos povos da terra serão abençoados, porque você me obedeceu". (Gênesis 22.9-18)

Muitos não entenderão como você é capaz de renunciar a algo tão importante na sua vida. Não siga opiniões, siga as direções de Deus. Vão questioná-la e chamá-la de louca, mas só você sabe a que tem renunciado. Não fará sentido para ninguém, então não tente justificar a entrega para quem não sabe o valor do sacrifício.

Isaque não é seu; ele é do Senhor e ele o sustenta.

No sacrifício mais ousado há provisão.

Não fará sentido hoje, mas a sua fé toca o teu futuro.

Não fará sentido para ninguém, então não tente justificar a entrega para quem não sabe o valor do sacrifício.

Deus sustenta até a loucura do sacrifício

> Na manhã seguinte, Abraão levantou-se e preparou o seu jumento. Levou consigo dois de seus servos e Isaque seu filho. Depois de cortar lenha para o holocausto, partiu em direção ao lugar que Deus lhe havia indicado. No terceiro dia de viagem, Abraão olhou e viu o lugar ao longe. Disse ele a seus servos: "Fiquem aqui com o jumento enquanto eu e o rapaz vamos até lá. Depois de adorarmos, voltaremos". Abraão pegou a lenha para o holocausto e a colocou nos ombros de seu filho Isaque, e ele mesmo levou as brasas para o fogo, e a faca. E caminhando os dois juntos, Isaque disse a seu pai Abraão: "Meu pai!" "Sim, meu filho", respondeu Abraão. Isaque perguntou: "As brasas e a lenha estão aqui, mas onde está o cordeiro para o holocausto? Respondeu Abraão: "Deus mesmo há de prover o cordeiro para o holocausto, meu filho". E os dois continuaram a caminhar juntos. Quando chegaram ao lugar que Deus lhe havia indicado, Abraão construiu um altar e sobre ele arrumou a lenha. Amarrou seu filho Isaque e o colocou sobre o altar, em cima da lenha. Então estendeu a mão e pegou a faca para sacrificar seu filho. (Gênesis 22.3-10)

Há sacrifícios que para muitos são loucura, mas, para Deus, são milagres. A obediência de Abraão, ao assumir o lugar da promessa e lhe obedecer, elevou seu nível aos olhos do Senhor. Essa realidade também é verdadeira para nós. Paulo afirma, em 1Coríntios 2.9: "[...] como está escrito: 'Nem olhos viram, nem ouvidos ouviram, nem jamais penetrou em coração humano o que Deus tem preparado para aqueles que o amam'". Se Deus preparou tantas bênçãos espirituais, é necessário crer na promessa!

Se você tem uma promessa, decide crer ou padecer?

Deus quer usar você

A jornada de fé exige obediência e confiança no Senhor, mesmo quando o caminho à frente é desconhecido. Assim como Abraão seguiu a direção do Criador sem saber todos os detalhes, somos chamados a avançar com fé, crendo que ele já preparou grandes coisas para aqueles que o amam. Essa certeza de que Deus tem um plano perfeito nos encoraja a não ficarmos presos ao passado, mas a olhar para o futuro com confiança, como nos exorta Isaías 43.18.

Nesse contexto, é importante lembrar que o Eterno não busca a habilidade humana, mas, sim, corações dispostos e aprovados em Cristo para realizar seu propósito. Mesmo nas fraquezas e inseguranças, devemos confiar que ele nos capacita e nos usa, pois é no reconhecimento de nossa dependência que a força do Todo-Poderoso se manifesta, conduzindo-nos ao cumprimento do nosso destino em Cristo.

Neste ponto, pode surgir a dúvida: como Deus pode usar alguém com falhas para cumprir o seu chamado? Essa era a pergunta que eu mais me fazia quando comecei minha caminhada ministerial. Nunca me sentia preparada para essa missão e sempre achei que havia mulheres muito melhores e mais capacitadas do que eu. De fato, há gente assim, mas, quando o Senhor decide usar a nossa vida, ele não procura a mais habilidosa, mas sim a que escolheu.

Quando o sentimento de fraqueza surgir, lembre-se de que o Altíssimo escolheu você para fazer parte de seu propósito. Se a sensação de incapacidade aparecer, lembre-se de que ele não nos define pela nossa capacidade. Cada uma de nós tem um plano a cumprir, e não há mais desculpas para não o assumir. Até a fraqueza faz parte do processo para que não nos percamos. Quanto a isso, o apóstolo Paulo escreveu:

> Para impedir que eu me exaltasse por causa da grandeza dessas revelações, foi-me dado um espinho na carne, um mensageiro de Satanás, para me atormentar. Três vezes roguei ao Senhor que o tirasse de mim. Mas ele me disse: "Minha graça é suficiente para você, pois o meu poder se aperfeiçoa na fraqueza". Portanto, eu me gloriarei ainda mais alegremente em minhas fraquezas, para que o poder de Cristo repouse em mim. Por isso, por amor de Cristo, regozijo-me nas fraquezas, nos insultos, nas necessidades, nas perseguições, nas angústias. Pois, quando sou fraco, é que sou forte. (2Coríntios 12.7-10)

E ainda ele lembra aos irmãos:

> Pensem no que vocês eram quando foram chamados. Poucos eram sábios segundo os padrões humanos; poucos eram poderosos; poucos eram de nobre nascimento. Mas Deus escolheu o que para o mundo é loucura para envergonhar os sábios e escolheu o que para o mundo é fraqueza para envergonhar o que é forte. Ele escolheu o que para o mundo é insignificante, desprezado e o que nada é, para reduzir a nada o que é, a fim de que ninguém se vanglorie diante dele. (1Coríntios 1.26-29)

Jesus chamou os improváveis, aqueles que muitos considerariam os últimos da fila. Ele não chama necessariamente quem está pronto, mas transforma quem elegeu para cumprir seus propósitos. Deus escolheu o que o mundo considera loucura para envergonhar os sábios e escolheu o que o mundo vê como fraqueza para envergonhar os fortes. Se é assim que você se sente, bem-vinda! Creia que o Todo-Poderoso está chamando você para se tornar uma seguidora disposta a fazer discípulos.

Embora muitos a vejam como desacreditada, creia que o Eterno a vê como aprovada. Ele escolhe pelo coração, não pelos frutos ou pela aparência, mas pela essência.

Você quer assumir o lugar da promessa? Então acredite, é possível ter uma vida completamente diferente.

Existe uma maneira específica que Deus quer usar para transformar sua vida. O Inimigo pode tentar convencê-la de que você não tem nada a oferecer, fazendo-a se sentir incapacitada, questionando se o Senhor realmente a usaria dessa forma. Mas a verdade é que nunca estaremos totalmente prontas. Reflita: qual discípulo Jesus chamou que estava com a vida perfeita ou totalmente preparado para a missão?

Paulo, por exemplo, não foi chamado por ser perfeito. Ele mesmo testifica:

> Dou graças a Cristo Jesus, o nosso Senhor, que me deu forças e me considerou fiel, designando-me ao ministério, a mim que anteriormente fui blasfemo, perseguidor e insolente. Deus, porém, foi misericordioso comigo, pois, sendo ignorante, agi em incredulidade. Contudo, a graça do nosso Senhor transbordou sobre mim, com a fé e o amor que estão em Cristo Jesus. Esta palavra é fiel e digna de toda aceitação: Cristo Jesus veio ao mundo para salvar os pecadores, dos quais eu sou o pior. Mas, por isso mesmo, Deus foi misericordioso comigo, para que em mim, o pior dos pecadores, Cristo Jesus demonstrasse toda a sua paciência, usando-me como exemplo para aqueles que, crendo nele, receberão a vida eterna. (1Timóteo 1.12-16)

Sim, Jesus é especialista em chamar os menores, prepará-los, capacitá-los e levá-los ao lugar da promessa, onde cumprirá seus propósitos por meio da vida de quem elegeu. Não subestime o amor de Cristo por você e o dom que carrega, pois isso vai além das suas limitações. Deus não age apenas dentro do prédio da igreja: aonde quer que você vá, ele lhe dará oportunidades para revelá-lo. Contudo, não ceda à intimidação, não recue nem duvide de que o Todo-Poderoso vai levá-la aonde planejou.

> **Jesus é especialista em chamar os menores, prepará-los, capacitá-los e levá-los ao lugar da promessa, onde cumprirá seus propósitos por meio da vida de quem elegeu.**

O Senhor deseja, porém, que você acredite mais em si mesma e tenha sede dele. No Evangelho de João, o autor relata que, cansado da viagem até o poço de Jacó, Jesus sentou-se à beira do poço, por volta do meio-dia. Nisso, uma mulher samaritana foi tirar água. O Senhor lhe pediu um pouco de água, enquanto os discípulos estavam na cidade para comprar comida.

O que ocorreu a seguir foi um belo diálogo, que revela essa realidade:

> A mulher samaritana lhe perguntou: "Como o senhor, sendo judeu, pede a mim, uma samaritana, água para beber?" Ela perguntou isso porque os judeus não se dão bem com os samaritanos. Jesus lhe respondeu: "Se você conhecesse o dom de Deus e quem está pedindo água, você lhe teria pedido e ele lhe daria água viva." A mulher disse: "O senhor não tem com que tirar água, e o poço é fundo. Onde pode conseguir essa água viva? Acaso o senhor é maior do que o nosso pai Jacó, que nos deu o poço, do qual ele mesmo bebeu, bem como seus filhos e seu gado?" Jesus respondeu: "Quem beber desta água terá sede outra vez, mas quem beber da água que eu lhe der nunca mais terá sede. Ao contrário, a água que eu lhe der se tornará nele uma fonte de água a jorrar para a vida eterna." A mulher lhe disse: "Senhor, dê-me dessa água, para que eu nunca mais tenha sede nem precise voltar aqui para tirar água." Ele lhe disse: "Vá, chame seu marido e volte." "Não tenho marido" — respondeu ela. Jesus lhe disse: "Você falou corretamente ao dizer que não tem marido. O fato é que você já teve cinco, e o homem com quem agora vive não é seu marido. O que acabou de dizer é verdade". (João 4.8-18)

Perceba que, nesse episódio, Jesus chamou uma desacreditada. Pode-se imaginar a expressão de surpresa daquela mulher, pois judeus não se associavam com samaritanos, e homens não falavam com mulheres desconhecidas. Profetas e homens de Deus não se dirigiam a pessoas promíscuas. Mas Cristo quebrou todos esses paradigmas, transformando a resistência em oportunidade. Ele enxergou uma mulher que desejava salvar e usar para seus propósitos, e não o passado dela, porque a salvação era mais importante do que a reputação.

E, assim como desejava usar a vida daquela samaritana, ele fez. Tanto que ela foi até a cidade e proclamou que ele era o Messias prometido:

> Naquele momento, os seus discípulos voltaram e ficaram surpresos ao encontrá-lo conversando com uma mulher. Ninguém, porém, perguntou: "O que pretendes?" ou: "Por que estás conversando com ela?". Então, deixando o seu cântaro, a mulher voltou à cidade e disse ao povo: "Venham ver um homem que me disse tudo o que tenho feito. Será que ele não é o Cristo?". Então, saíram da cidade e foram até onde ele estava. (João 4.27-30)

A sede dessa mulher nos ensina sobre dependência emocional. Esse conceito refere-se a um padrão persistente de necessidade emocional extrema em busca de aprovação e segurança em uma pessoa específica.

Muitas pessoas estão sedentas, buscando em fontes que não geram vida. As reações da dependência são diversas e levam a padrões disfuncionais que afetam negativamente. Citarei algumas:

- Medo da solidão;
- Insegurança;
- Desvalorização pessoal; perda de valores;
- Dificuldade em tomar decisões independentes;
- Dificuldade em estabelecer limites;
- Repetição de padrões de relacionamentos destrutivos;
- Ansiedade e depressão relacionadas às pessoas.

Essa mulher nos ensina que a sua sede é a mesma de todo ser humano: uma insatisfação que não pode ser saciada por nada humano. Há pessoas buscando água em fontes equivocadas e perdendo o sentido da vida. Não importa o quanto já erramos até chegar aqui, mas sim o que faremos quando nos encontramos com a verdadeira fonte, que está disponível e nos sacia por completo. Talvez as suas maiores frustrações sejam porque você está com a expectativa na pessoa errada.

O testemunho daquela mulher ecoa até nossos dias. Deus a usou naquele momento e seus atos nos edificam até hoje, mediante o relato daquele episódio nas Escrituras. *Ela passou de rejeitada a aprovada!* A samaritana deixou para trás o que havia ido buscar no poço e, com pressa, foi falar de Jesus. Essa história nos mostra que, uma vez que se é transformada, é impossível guardar essa experiência só para si. É isso que Deus deseja fazer com você: entregar propósito a ponto de sua necessidade não ser o ponto central da sua vida.

Você foi chamada para ser uma serva, adorando, exaltando e declarando um Deus que a salvou.

Além disso, esse relato nos mostra como Cristo é perdoador e não segue padrões humanos na escolha de seus discípulos. Muitas mulheres estão presas à vergonha do passado, mas, pelo sangue de Jesus, já foram libertas! Bastam três coisas: reconhecimento de quem Deus é, arrependimento dos pecados e disponibilidade para que o Senhor as use.

Cristo também chama as desacreditadas e as rejeitadas. Por isso, tenha a certeza: Deus não quer usar outra pessoa no seu lugar para cumprir seus propósitos. Assuma o lugar da promessa e ele usará você e a sua história!

Liberte-se dos seus maus comportamentos. Essa decisão lhe dará acesso a uma nova realidade.

capítulo sete

7

O TEMPO DO ESCONDERIJO E DA EXPOSIÇÃO

O tempo do esconderijo e o tempo da exposição são realidades distintas na vida de um cristão. Quando menciono isso, não estou me referindo apenas à visibilidade pública, mas à coragem de testemunhar sobre o Deus que nos libertou e descobrir de fato o seu proposito e cumpri-lo.

É importante reconhecer que cada cristão, incluindo você, carrega uma missão especial, que eu chamo de propósito. Às vezes, isso se manifesta de maneiras inesperadas, mas Deus a usará conforme ele determinou. Antes de criar você, o Senhor decidiu lhe atribuir um papel no mundo, além das características e qualidades que ele mesmo determinou. Ninguém nasce por acaso, logo, você nasceu para progredir, sendo aperfeiçoada por meio da fé, das boas obras e da obediência. Fomos chamadas para sermos discípulas de Cristo. E como discípulas, a nossa missão é espalhar as boas novas da salvação, amando ao próximo como a nós mesmas (cf. Marcos 28.19). Porém, há mais.

Se você não sabe a maneira pela qual Deus a usará, talvez seja o momento de orar e pedir que ele lhe mostre. Você tem um dom concedido pelo divino, que talvez esteja aí dentro, esquecido ou não acessado. O primeiro passo para entender o plano do Eterno é compreender que você e única, e seus talentos, habilidades e provações são um complemento para a sua jornada.

Toda mulher que carrega dons também é capacitada pelo Todo-Poderoso para realizá-los. Esses dons espirituais são habilidades concedidas pelo poder do Espírito Santo, essenciais para nosso crescimento individual e o do Corpo de Cristo (cf. 1Coríntios 12, onde aprendemos sobre os dons dados à Igreja e seu propósito). Talvez você se sinta perdida, porque o Inimigo usa como ferramenta fazê-la se sentir sem propósito. Até você se descobrir nessa jornada de "qual é o meu propósito?", provavelmente enfrentará muitas perseguições — porque o que você carrega é grande.

Por isso, é crucial entender que o nível da perseguição que enfrentamos pode ser proporcional ao chamado que sustentamos.

Desde o início, como declara a Bíblia, há uma guerra espiritual em curso, uma disputa pela posse das promessas divinas. Nessa jornada, o Eterno levanta homens e mulheres como resposta a uma geração. Em Êxodo 1, vemos que Jacó e seus filhos, ao entrarem no Egito, foram abençoados e se multiplicaram. Isso os tornou uma ameaça aos egípcios, que começaram a oprimir o povo de Deus.

> Então, um novo rei, que nada sabia sobre José, veio ao poder no Egito. Disse ele ao seu povo: "Vejam! O povo

> israelita é agora numeroso e mais forte que nós. Temos que agir com astúcia com relação aos israelitas, para que não se tornem ainda mais numerosos. E, no caso de guerra, unam-se aos nossos inimigos, lutem contra nós e saiam do país". Eles, pois, puseram-lhes sobre feitores de trabalhos forçados, para os oprimirem com tarefas pesadas; e assim os israelitas construíram para Faraó as cidades-celeiros de Pitom e Ramessés. Contudo, quanto mais eram oprimidos, mais numerosos se tornavam e mais se espalhavam; por isso os egípcios passaram a temer os israelitas. (Êxodo 1.8-12)

No mundo espiritual, você representa uma ameaça ao Inimigo, que não suporta uma mulher que ora fervorosamente. Entenda: quanto mais a oprimirem, mais forte você se tornará. Por isso, não desista de cumprir o seu proposito diante das pressões da vida.

Deus sempre tem uma resposta para cada perseguição que ocorre em sua jornada. Você não estará sozinha. Para cada adversidade, ele providenciará ajuda, assim como as parteiras ajudaram as mulheres hebreias:

> O rei do Egito ordenou às parteiras dos hebreus, que se chamavam Sifrá e Puá: "Quando vocês ajudarem as hebreias no parto, verifiquem: se for menino, matem-no; mas se for menina, deixem-na viver". As parteiras, porém, temeram a Deus e não obedeceram às ordens do rei do Egito; deixaram viver os meninos. (Êxodo 1.15-17)

A sua casa será conhecida como um lugar de libertação, onde sinais e maravilhas se manifestarão. Infelizmente, muitos sucumbem ao medo, mas Deus está convocando um exército fortalecido, que compreende que, na medida da perseguição, haverá uma resposta divina.

Compreendemos, assim, que o tempo de esconderijo é necessário, mas não é o destino. Chegará o momento em que a exposição será inevitável. Para algumas, isso pode ser difícil de aceitar, mas ore e peça ao Senhor que lhe mostre aonde deseja levá-la. Para isso, será necessário sair da zona de conforto.

> Um homem da tribo de Levi casou-se com uma mulher da mesma tribo, e ela engravidou e deu à luz um filho. Vendo que era bonito, ela o escondeu durante três meses. Quando já não podia mais escondê-lo, pegou um cesto feito de juncos e o vedou com betume e piche; colocou nele o menino e deixou o cesto entre os juncos, à beira do rio Nilo. (Êxodo 2.1-3)

Quem tem uma missão não fica escondido por muito tempo. Deus nos impulsiona para o propósito que designou para cada uma. Talvez você esteja sentindo esse incômodo hoje. Saiba que a jornada de aprovação pelo Senhor é necessária para que você esteja preparada para a exposição, com as feridas devidamente curadas.

A Bíblia nos ensina que Joquebede, mãe de Moisés, conseguiu escondê-lo por apenas três meses. Quando não pôde mais mantê-lo oculto, ela confiou o filho ao

Criador, colocando-o em um cesto à beira do rio. Há momentos em que precisamos enfrentar riscos, confiando que o Todo-Poderoso nos sustentará, em vez de depender de nossa força. Você está a caminho da sua missão de vida, e isso exigirá coragem.

Nunca se esqueça de sua origem e de como Deus a livrou. Você pode alcançar grandes alturas, mas o Senhor não permitirá que se perca. Talvez você tenha nascido em uma situação de escravidão espiritual, mas ele a tratará como uma princesa. Aos olhos de Joquebede, Moisés estava em perigo, mas para Deus, ele estava no lugar certo, na hora certa, com as pessoas certas.

A Bíblia relata que a filha do faraó resgatou Moisés. Ele cresceu na casa real e recebeu uma educação de príncipe. Da mesma forma, talvez o Senhor envie pessoas inesperadas para ajudá-la. Não menospreze aqueles que o Eterno põe em seu caminho.

Talvez você se sente oprimida e esquecida, assim como foi com Davi que foi esquecido pelo seu pai, mas nada o impediu de matar um gigante. Quem carrega uma promessa não haverá quem possa o deter. O esconderijo para Jose foi necessário para gerar um grande pastor de ovelhas que venceu obstáculos no secreto que lhe daria habilidades extraordinárias no tempo da exposição.

O esconderijo de Moisés contribuiu para que se torna-se um grande líder de Israel, levantado para libertar seu povo da escravidão. Você deve crer que, da mesma forma, o Altíssimo a está preparando como uma libertadora. Lembre-se de quatro grandes verdades com relação a líderes:

1. Grandes líderes têm limitações: Moisés sentia-se incapacitado.
2. Deus não envia ninguém sem ferramentas: Moisés tinha um cajado em suas mãos.
3. Quem tem uma história com o Senhor aprende a perseverar: Deus enviou sinais para que Moisés não desistisse.
4. Aquele que persevera atravessa em terra seca: Moisés estendeu sua vara sobre o mar, e o Senhor fez o mar retroceder, transformando-o em terra seca para que os israelitas atravessassem: "Então Moisés estendeu a mão sobre o mar, e o Senhor afastou o mar, e o transformou em terra seca. As águas foram divididas, e os israelitas atravessaram pelo meio do mar em terra seca, tendo uma parede de água à direita e outra à esquerda" (Êxodo 14.21-22). Creia que você passará pelas adversidades sem se sujar, porque há um Deus que a sustenta. Mulher, creia que o que ele pôs em suas mãos é suficiente para você atravessar para o outro lado.

Há momentos em que é necessário sair do esconderijo, manusear a ferramenta e seguir o destino que Deus lhe confiou. Tenha certeza de que o mesmo Deus que a chama é o que a sustenta.

CONCLUSÃO

> Acaso busco eu agora a aprovação dos homens ou a de Deus? Ou estou tentando agradar a homens? Se eu ainda estivesse procurando agradar a homens, não seria servo de Cristo. (Gálatas 1.10)

Ao alcançar a nova posição, de rejeitada a aprovada, a busca incessante pela validação alheia já não é mais necessária. Tudo em que você crê sobre a vida foi o que aprendeu pelas memorias do passado, mas, agora, está sendo equipada e ensinada, à luz da Bíblia, que suas experiências ruins não são maiores que os planos de Deus. Agora, sua identidade foi transformada e autenticada por ele, e o seu valor não depende mais das circunstâncias e das raízes negativas. Por meio do sacrifício de Cristo na cruz, você se tornou serva e filha amada, e sua identidade foi confirmada, legitimada e sancionada pelo próprio Criador e carrega uma grande unção para ser uma libertadora.

Ser aprovada por Deus significa ser libertada da escravidão da necessidade das raízes que a aprisionavam. Ele assinou as escolhas que direcionou para sua vida, eliminando qualquer necessidade de outra assinatura. O nome que você carrega agora traduz, em sua essência, "filha" — exaltada, reconhecida, legitimada e valorizada.

O sentimento de recusa e reprovação cansa a alma, mas você não foi criada para a insatisfação e, sim, para a genuína satisfação que só o Senhor pode proporcionar. As portas de rejeição, os ciclos não vencidos, quando atravessadas, afastam do propósito divino, mas agora é o tempo de colher os frutos da nova vida em Cristo.

Entretanto, é essencial reconhecer que haverá momentos de poda, nos quais Deus, como o bom agricultor, cortará os ramos infrutíferos e podará os que dão fruto, para que frutifiquem ainda mais. A poda, muitas vezes confundida com rejeição, é, na verdade, um processo de crescimento e frutificação. Como Jesus ensinou: "Eu sou a videira verdadeira, e meu Pai é o agricultor. Todo ramo que, estando em mim, não dá fruto, ele corta; e todo que dá fruto ele poda, para que dê mais fruto ainda" (João 15.1-2). Portanto, a poda deve ser recebida com alegria, pois é um sinal de que o Altíssimo está trabalhando em você para produzir frutos maiores. Lembre-se das palavras de Habacuque:

Ele assinou as
escolhas que
direcionou para sua
vida, eliminando
qualquer necessidade
de outra assinatura.

Bianca Franco

> Mesmo não florescendo a figueira, não havendo uvas nas videiras; mesmo falhando a safra de azeitonas, não havendo produção de alimento nas lavouras, nem ovelhas no curral nem bois nos estábulos, ainda assim eu exultarei no Senhor e me alegrarei no Deus da minha salvação. O Senhor Soberano é a minha força; ele faz os meus pés como os do cervo; ele me habilita a andar em lugares altos. Para o mestre de música. Para os meus instrumentos de cordas. (Habacuque 3.17-19)

Mesmo que você não esteja dando frutos hoje, isso não determina quanto você será usada por Deus. Todas nós, como mulheres, passaremos por temporadas de poda e frutificação, porém, saiba se alegrar mesmo quando não há resultados. Deus deseja ver mulheres fortificadas. A expectativa dele em você é que tenha raízes fortes e profundas para suportar os dias ruins o adorando e confiando em sua Palavra.

Uma certeza eu tenho: a sua casa pode passar por poda, mas não passará por descarte!

A rejeição, por outro lado, continuará a tentar se manifestar, pois o Inimigo conhece os lugares de dor. No entanto, o que fará a diferença é o selo divino que você carrega em meio a esses conflitos e a firme decisão de não voltar aos antigos lugares de sofrimento.

Recordo-me de um episódio em um dos nossos cultos na igreja local. A rejeição tentou se manifestar novamente em minha vida. Uma mulher, ao me ver subir ao altar, comentou com uma amiga ao lado: "Essa é a pastorinha famosa? Eu esperava muito mais". Uma de nossas ovelhas, revoltada com o comentário, veio imediatamente me contar. Naquele momento, ouvi a voz de Deus me dizer: "Bianca, você já venceu esse demônio". Acalmei a ovelha e respondi: "Aprenda a passar pela rejeição. Jesus enfrentou as mesmas dores como um homem mudo e foi exaltado pelo Pai".

Confesso que fiquei até feliz naquele momento. Primeiro, porque aprendi a lidar com a rejeição; se fosse antes, eu me esconderia em uma caverna. Segundo, fiquei satisfeita por saber que quem está se destacando em mim não sou mais eu, mas que toda a honra e glória pertencem a Jesus!

É necessário saber quem se é e reconhecer o Deus que tudo vê. O segredo para vencer a rejeição é não a alimentar; não é preciso justificar-se. Quando ela chegar, declare em voz alta: "Esse demônio eu já venci!". Observe como age o Inimigo, segundo as palavras de Neemias:

> Quando Sambalate, Tobias, Gesém, o árabe, e o restante dos nossos inimigos souberam que eu havia reconstruído o muro e que não havia ficado nenhuma brecha, embora, até então, eu ainda não tivesse colocado as portas nos seus lugares, Sambalate e Gesém mandaram-me a seguinte mensagem: "Venha, vamos nos encontrar em um dos povoados da planície de Ono".

O Inimigo tenta distrair, fazer ceder, encontrar brechas abertas. Mas não se deve perder tempo precioso quando se está realizando uma grande obra.

Bianca Franco

> Eles, contudo, estavam tramando fazer-me mal; por isso, enviei-lhes mensageiros com esta resposta: "Estou executando uma grande obra e não posso descer. Por que parar a obra para ir encontrar-me com vocês?" Eles me mandaram quatro vezes a mesma mensagem, e todas as vezes lhes dei a mesma resposta. (Neemias 6.1-4)

O Inimigo tenta distrair, fazer ceder, encontrar brechas abertas. Mas não se deve perder tempo precioso quando se está realizando uma grande obra. Neemias e o povo de Israel conseguiram erguer o muro de Jerusalém em 52 dias, um tempo recorde. Do mesmo modo, creio que há mulheres lendo este livro que, ao se manterem focadas, experimentarão transformações em sua vida em tempo recorde. Quem recebe essa mensagem?

Deus pode fazer em dias o que você não viveu em toda a sua vida. Como você quer contar a sua história? Seus filhos, netos e bisnetos ouvirão dos grandes feitos do Senhor na sua geração. Permita-se reconstruir os muros. Se você soubesse a unção que carrega, não ficaria mais parada, mas se exercitaria. Uma fé em sintonia com a vontade de Deus é a ponte para levá-la a lugares inimagináveis.

É preciso entender que o Eterno mudou a sua posição. O maior cativeiro da rejeição está na maneira como você se vê. Mas, pense: quem disse que você é "reprovada"?

Decida avançar, sabendo quem a chamou. Não há tempo a perder, pois há uma obra esperando por você: lançar luz sobre a escuridão. Que, nesta jornada, seus olhos se abram e Deus a impulsione a resgatar o maior número possível de mulheres do cativeiro da rejeição. Sim, ele pode fazer isso por meio de sua vida — uma *mulher aprovada*.

Eu ainda ouvirei o seu testemunho.

Deus a abençoe!

Exercício prático

Comece a exercitar isso, agora, como uma *aprovada*. A seguir, vamos fazer um exercício para que você encare a sua realidade e dê nome às respostas emocionais, identificando quais dos monstros invisíveis têm afetado sua vida.

Identificando a raiz

O que você fará para vencer os monstros invisíveis?

____

____

____

Resgate da autoestima

Como você se vê?

____

____

____

Palavras positivas

O que você diz sobre seu futuro?

Ambiente familiar

Como você enxerga sua família?

Mudança de hábito

Que novos hábitos você assume para viver de forma positiva e sem procrastinação?

Disciplina espiritual

Quais serão as novas atitudes para a sua jornada de fé diária ?

Deus

O que você tem a dizer sobre o Senhor?

Versículos de apoio

Considero dois versículos bíblicos muito importantes para a sua trajetória de cura da rejeição:

Salmos 147.3 — "Só ele cura os de coração quebrantado e cuida das suas feridas".

O primeiro passo para você ser curada é receber a ajuda do Bom Pastor, que nunca falhará com você. A sua única opção é abrir completamente seu coração, em quebrantamento. Só ele pode sarar suas feridas.

Salmos 23.4 — "Mesmo quando eu andar por um vale de trevas e morte, não temerei perigo algum, pois tu estás comigo; a tua vara e o teu cajado me protegem".

Você pode estar enfrentando o maior vale escuro da sua vida. Mas tenha certeza de que não passará por ele sozinha. Deus protege a sua vida. Você não está esquecida, desprotegida nem abandonada.

A sua dor não é maior do que o seu Deus!

APÊNDICE

Entenda o ciclo

Muitas pessoas andam em círculos há anos e não prosperam pela falta de conhecimento e posicionamento sobre comportamentos autodestrutivos. Entenda que tudo o que você faz ou deixa de fazer gera resultados. A colheita será destrutiva ou assertiva? Por isso quero levá-la, pelo poder da Palavra de Deus, a uma vida de frutos, mas você precisa de coragem para avançar.

Mulher dominada pelo Espírito Santo

Mulher dominada pelos monstros invisíveis

amor
alegria
paz
longaminidade
benignidade
bondade
fidelidade
mansidão
domínio próprio
arrependimento
santidade
quebrantamento

orgulho
arrogância
vaidade
zona de conforto
falta de perdão
autossuficiência
desobediência
ingratidão
desonra
inveja
amargura
vitimização

Onde você se encontra? Essa semente desenvolverá uma raiz, ela crescerá e gerará outras pequenas raízes ligadas a ela, e, por fim, essas raízes se tornarão uma árvore.

Onde você está enraizada? Se você estiver no caminho, deseje chegar lá.

Você se torna responsável pela vida que leva, então, decida se movimentar, pois existe um ciclo de vida e transformação esperando por você.

Você está gerando pessoas que seguirão você, como um reflexo. Como gostaria de ver os seus resultados? Faça isso por Deus, por você e por quem você ama. Inevitavelmente, multidões de pessoas serão impactadas pela sua transformação.

SOBRE A AUTORA

BIANCA FRANCO é pastora sênior na Igreja Batista Lagoinha Cuiabá, formada pelo Seminário Teológico Carisma. Conferencista que lidera a conferência que inspirou o título deste livro — com frequência anual de mais de 12 mil mulheres —, é uma voz influente nas redes sociais, com milhares de seguidores, conduzindo diariamente mulheres para uma vida de temor e devoção a Cristo, como o único pelo qual precisamos ser aprovadas.